老實點 但要有殺傷力

林芷言 著

不討好、不內耗、不裝懂

聰明處世的15堂人生戰術課

「不再逆來順受，也不必變得咄咄逼人。
你可以溫柔，但請有立場；你可以不爭，但別再吃虧。
懂處世，從來不代表沒殺傷力。」

目錄

目錄

序言｜你可以溫柔，但不可以再被踐踏

—— 寫給那些不想撕破臉，卻不想再白白吃虧的人

你是不是也曾這樣想過：

「我只是不想吵架，才選擇沉默。」

「我沒說不是我沒感覺，只是不想讓關係變難堪。」

「我做這麼多，是因為我希望對方看見，不是因為我應該被理所當然對待。」

很多時候，你以為自己在退讓，其實是在教別人怎麼對待你。

你說自己是體貼，別人卻以為你無所謂；你覺得自己是在忍讓，別人卻認為你根本沒底線。

你不是沒情緒，也不是沒原則，只是你太常「忍住」，以為這樣最和平，最成熟。結果呢？你慢慢被忽略、被邊緣化、甚至變成便利的工具人。

這本書不是寫給那些擅長爭的人，也不是教你變得鋒利傷人。這本書是寫給你這種「明明可以好好說話，卻常常被吃定」的人。

善良不是錯，但善良不該讓你變得無力

我知道你不是膽小，你只是希望維持關係的和諧；我知道你不是懦弱，你只是太習慣站在別人立場看事情。

但如果每一次都退讓、每一場衝突都選擇閉嘴，那麼你等於讓對方學會：「你這個人，推得動。」

我們從小被教導要當「好人」，但沒人教我們怎麼當一個「有立場的好人」。結果，我們努力當好人，最後卻活得很委屈。

你需要的，不是變壞；你需要的，是擁有不再白白吃虧的能力。

你的人生，正在輸給「不想讓人不舒服」

你害怕被說情緒化、怕別人不開心、怕被貼標籤，於是你每一次都壓下自己、調整自己、甚至反過來懷疑自己是不是太敏感。

但請你冷靜想一想：那些你忍住的對話、你吞下的委屈、你原本可以反擊卻選擇安靜的時刻，有讓你活得更自在嗎？

還是你越來越覺得：「我怎麼這麼沒存在感？」、「為什麼

我總是最後才被想到？」、「我是不是，從來沒好好為自己出聲？」

你不是不努力，只是你的努力全用在照顧別人，而不是守住自己。

這不是一本教你變凶的書，而是教你如何有殺傷力地活著

「殺傷力」不是讓你變尖銳，而是讓你不再讓別人輕易傷你。真正有力量的人，不是總在吵架，而是在該開口時開口、在該拒絕時拒絕、在該站穩時絕不後退。

這本書要給你的，是一種新的姿態：溫柔，但堅定；不爆炸，但不退讓；你說得出「我不喜歡」，也能表達「這不公平」。

每一章，都是一種你可能經歷過的「困局」：

你曾被利用過，卻不敢說；你曾被忽略過，卻還繼續扛；你做了很多事，卻沒人記得；你總是想改變，但總是慢半拍。

我們不怪你，我們只想告訴你：你不是不能改變，而是你一直沒拿回人生的主控權。

如何使用這本書？
請你照著這三種方式來讀

這本書總共有 15 章，每章都對應一個處世困局與一個案例，你可以用以下三種方式來讀它：

1. 循序閱讀，完整鍛鍊

如果你現在狀態穩定、想重新整理自己的處世方式，建議你從第一章開始，每一章就是一面鏡子，幫你看見你過去怎麼退讓，現在該怎麼重建。

2. 挑題閱讀，針對突破

你也可以直接翻到你最有感的章節，例如你總是被誤用就看第 2 章，總是開不了口就看第 3 章，覺得努力都沒人記得就看第 15 章。

每章都有一個真實案例故事，幫助你看到「別人怎麼處理這個情境」，也讓你知道你不是一個人。

3. 書寫＋行動，加速內化

本書最後附上【30 天行動練習卡】與【自我對話提問集】，你可以邊看邊寫，或用每週一章方式搭配挑戰。重點不是看得多深，而是你願不願意試著做出第一個小改變。

不再輸的第一步，
是你開始決定：「我不再沉默了」

這本書不是要讓你變得有刺，而是讓你學會在關鍵時刻開口、表態、出手，讓世界知道：你不再是那個總是退後的你。

請記得：

- 你可以體貼，但不能總委屈。
- 你可以溫柔，但不能軟弱到底。
- 你可以寬容，但不能一直吞下不公平。
- 你不是要讓每個人都喜歡你，而是要先尊重自己，然後才讓人學會尊重你。

你不用變臉，但你要變堅定；你不用變狠，但你得有殺傷力。

而這本書，就是讓你練出這種力量的場地。

給你的一句話作為起點

「這次我不怕吵架，但我也不會吵。

我不怕不被喜歡，但我也不會再迎合。

我只想讓自己知道 —— 我站得住，而且不再退。」

現在，請你打開第一章。

我們要開始練習，怎麼成為那個老實，但不再吃虧的人。

從「不敢出聲」到「不再退讓」的 15 段自我鍛鍊之路

這不是一本教你變得尖銳的書，而是一本幫你活出銳利與溫度平衡的選擇書。它不告訴你要壞，而是教你如何不再無端吃虧、不再為了和平把自己放掉。

這本書走過 15 個章節，拆解我們在人際、職場、選擇與自我認同中的退讓、困頓與迷惘，並在每一章提供具體的心法 × 做法 × 故事。目的是讓你：

- 從「不好意思開口」→到「說話有力氣」
- 從「常常被利用」→到「保護好界線」
- 從「努力沒結果」→到「留下來就有機會翻盤」

整體結構地圖

章節	主題焦點	轉變目標
Ch1	坦率與立場的交集	老實≠軟弱
Ch2	停止被消耗	好人≠無底線
Ch3	拒絕的練習	拒絕≠撕破臉
Ch4	教別人怎麼對你	關係界線的重建
Ch5	讓自己被看見	低調≠消失
Ch6	自我主角意識	再也不當配角
Ch7	停止縮小、練習站穩	不再自我否定
Ch8	決定自己的位置	主動定位，不再被安排
Ch9	主動創造改變	停止等，開始行動
Ch10	上臺的勇氣	拿回發聲權
Ch11	爭取也值得	爭不是搶，是選擇
Ch12	選擇權的回歸	不再讓別人決定你的人生
Ch13	真正有用的努力	別再繞路，請你走完一條就好
Ch14	對自己負責	不再等、推、怪，開始承擔
Ch15	撐到最後	感動不是目標，完成才是

核心信念總結

- 你可以善良，但不能軟弱。
- 你可以慢，但不能一再放棄。
- 你可以怕，但不能再逃避選擇。
- 你不是沒能力，而是太常妥協給那個怕麻煩的自己。

這本書的目的，不是讓你變得「有殺氣」，而是——

讓你從此以後，可以不吼、不逃、不退，也能贏。

讓你每一次開口、出手、決定，都是從一個不再委屈的自己出發。

你不是要變成別人怕你的人，而是你終於可以讓人知道——

你不好惹，不是因為你凶，而是因為你現在不會再忍。

Chapter 1

做人老實沒關係，但你要有光

行動綱領表

主題：老實不等於隱形，請你有立場地發光

行動目標	對應行為建議	日常練習提醒	請你避免的陷阱
明確自己的價值	列出你擅長的3件事，提醒自己你不是誰都能取代的「背景人員」	每天對自己說一次：「我有立場，我值得被看見」	不斷自我貶低或說「沒關係啦、我都可以」
開始練習發聲	在會議、群組中至少說出一次觀點，即使是簡短肯定或提問	每週記錄一次：「這次我有開口，我練習挺身而出」	心裡有想法卻因怕被否定而一言不發
設下個人風格信號	建立一個你專屬的辨識點（語言、作品、觀點）讓人聯想到你	練習表達「我對這件事的看法是……」	凡事模糊應對，只做無聲執行者
建立內在存在感	每週安排一次專屬自己時間（反思、書寫、自我對話），讓自己活在主體感裡	寫日記、錄語音、對鏡子說話皆可	一直忙別人需求、從不整理自己內在位置
提升說話的能見度	把你內心的觀點轉成外顯文字或聲音（社群、簡報、私下交流都算）	一週發布一則屬於自己的想法貼文或私訊對話	默默做好一切卻從不讓人知道你的用心與貢獻

小提示：

- 你不用一次變得「很有存在感」，你只要不再選擇完全沉默。
- 發光不是做給別人看，是提醒自己：「我有立場，不是背景人。」

1-1 | 你的誠意值多少？別讓善良變廉價

老實，是被誤解最深的品格

在當代社會中，「老實」這個詞常常被賦予矛盾的意涵。一方面，人們讚揚誠實、守信與厚道，認為這是為人處世的重要基礎；另一方面，老實也常被視為不懂變通、不善保護自己的代名詞。特別是在競爭激烈、講求效率與回報的現代職場與人際互動中，誠意如果缺乏保護機制與表達方式，極容易被誤解為軟弱與可利用。

善良若沒邊界，就是無聲的妥協

這並不是誠實的錯，而是因為許多人沒有意識到，善良本身也需要策略與邊界。當一個人總是無條件地付出、回應與配合，久而久之，他的誠意會被視為理所當然，甚至被當成某種應該被剝削的資源。

「好用」不等於「值得尊重」

若一個人總是主動承擔責任，從不拒絕協助，外人未必因此敬重他，反而可能將他視為「好用」而非「值得尊重」。

這種現象的根源在於，誠意若無適當的表達與保護，便難以被辨識為價值；反之，會被視為「沒有選擇權」的妥協。

為什麼努力的人反而不被看見？

這種人際互動中誠意與價值混淆的情形，在職場上尤為明顯。許多看似認真、穩重的員工，長期下來卻未獲得晉升與肯定，不是因為能力不足，而是因為他們從未讓自己的價值「被看見」。他們的協助往往是默默進行的、隨傳隨到的，因此不具備被記錄與評估的條件。

無條件的體貼，容易變成消耗品

在日常人際關係中亦是如此。總是默默關心別人、犧牲自己需求來配合對方、主動提供資源與情緒支持的人，往往在某一刻會發現自己變得「不可或缺，但不被珍惜」。這是一種極具破壞力的心理失衡，也是一種隱性的自我耗損。

有稜角的善良，才有被尊重的可能

要破解這種現象，首先要理解：善良不是錯，但若不設定明確的界線與回應方式，它會成為無聲的妥協。誠意若要產生影響力，必須讓人知道這份付出是有選擇、有思考、有條件的，而非出於無力反抗或過度討好。

善良不是不說話，而是懂得保護自己

在這樣的基礎上，誠意的表現就必須進化為一種「有稜角的善良」。這並不代表你要變得自私或功利，而是要讓別人知道，你的時間、你的能力、你的心力，是寶貴的資源，而不是無底洞。這樣的誠意，才能被珍惜與尊重，而不再只是被利用與消耗。

清楚說出條件，是你應有的自尊

首先，你應該學會說出自己的條件與限制。當別人請求協助時，不必立刻答應，也不需要急於表現配合，而是可以先表達自己的考量。例如：「我目前有一項工作正在處理，如果你不急的話，我可以排時間支援你。」這樣的回應方式既表達了善意，也清楚地劃出界線，讓對方理解你的處境，而非將你的資源視為隨時可用。

讓人看見你的付出，而不是猜測你的情緒

其次，請主動讓他人知道你正在付出什麼。這不是誇耀，而是建立對等關係的必要過程。例如，若你協助同事完成一項緊急任務，不妨在會議中適度說明合作情形，或在匯報時表達「這段期間我也支援了某項任務」。透過這種方式，

讓你所做的努力與貢獻浮現於公共視野之中，這會提高他人對你角色與價值的認識。

眞心是好事，但感受需要被傳遞

此外，你應當將「誠意」視為一種可被辨識與衡量的行為，而非單靠內心的熱忱與善意支持。許多人在關係中期望「只要我夠真心，對方一定會感受到」，但事實並非如此。感受是需要傳遞的，而有效的傳遞往往需要明確的語言、具體的行動與反覆的互動。否則，就會變成單方面的情緒投注，終至失衡與枯竭。

爲自己的善良創造存在感

最後，應當有意識地為自己的善良創造價值感。這並不是要將善良變成交換，而是要讓對方意識到你所做的不是理所當然。當你習慣為別人設想，也請學會在必要時提醒對方：「我之所以這麼做，是因為我信任你，也因為我重視我們的關係。」這樣的話語雖簡單，卻能有效地讓對方理解你的付出背後的情感價值，從而更珍惜這份連結。

誠意應該被珍惜，而不是被利用

在成熟的關係中，誠意不該只是單方面的投資，而應是一種互相確認、尊重與回應的動態過程。你可以善良，但你不該廉價。你可以誠實，但你不該毫無防備。當你的善意開始有了稜角，你的誠意開始有了光，別人就會開始把你當成一個真正有分量、有價值的人。

1-2 ｜亮出缺點，不是示弱，是讓人卸下防備

完美形象背後的心理壓迫

在多數社會文化中，「成功者」與「值得信任的人」常被賦予強大、堅定與毫無瑕疵的形象。然而，這樣的形象對個人而言其實是一種潛在壓力，對人際關係而言，也可能造成無形距離。當你讓別人只看見你「做得多好」、「有多優秀」，卻從未展現「你也會錯、會懷疑、會累」，久而久之，周圍的人會習慣將你放上高臺，卻不再與你建立真實而互信的關係。

脆弱是信任的起點，而非崩壞的徵兆

大多數人傾向在互動中隱藏弱點，認為展現脆弱是一種不安全的行為。然而，心理學與領導力研究早已證明，一個人若能適度揭示自己的不完美，反而更容易贏得他人的同理與信任。這不僅適用於個人關係，亦適用於團隊合作與領導互動。

誠實承認「我也會害怕」、「我還不確定這方法是否可行」、「這件事讓我感到壓力很大」，並不代表能力不足，而是展現你

是個真實、可信賴且有情感共鳴的人。這種表達不但讓他人卸下戒心，也創造出一種安全氛圍，使人願意靠近與合作。

你不是弱，只是願意說出眞相

在團體中，勇於承認自己不知道、不完美、不萬能的人，常被視為謙遜、成熟，甚至讓他人願意主動協助與補位。這樣的互動，建立在彼此願意看見人性不完美的基礎上。

例如，在工作會議中，一位主管若在討論中明確指出某策略存在風險，並主動請教團隊意見，反而更能獲得部屬的尊敬與投入。而若他選擇壓抑問題、營造「我有答案」的氛圍，一旦出現錯誤，則更容易遭受質疑與孤立。

情緒開放能換來眞誠回應

在親密關係中也是如此。許多人將愛與脆弱混為一談，認為表露壓力與不安會讓對方產生負擔，然而事實恰恰相反。當你勇於對伴侶說：「我最近對自己的狀態感到有些不安，我需要你的理解和支持」，這份坦白會讓對方感受到被信任，進而主動靠近與回應。

人與人之間最深的連結，來自於脆弱與真誠的交換，而非單向的堅強表現。當你習慣「報喜不報憂」，你其實切斷了別人願意靠近你的機會，也讓自己陷入無聲的孤立。

不完美的人際溝通，反而更動人

展露缺點並不代表要全盤攤開情緒或問題，而是有策略、有節奏地在人際互動中創造真實的連結感。這種方式在溝通上也特別有效。比起一味強調自己多專業、多能幹，許多優秀的溝通者會說：「我也曾犯過這個錯」、「我明白你的疑慮，因為我也擔心過」。

這些語句所建立的，是「你我之間相似」的認知，而不是「我高你低」的隔閡。這就是人際心理學中所謂的「自我揭露效應」—— 適度分享自己的不完美，有助於建立關係的親密度與真誠度。

勇於示弱，其實是一種高段位的強大

願意說出「我不知道」其實比裝懂更難；承認自己有時力不從心，其實比假裝堅強更需要勇氣。這些「示弱」行為之所以有力，是因為它來自一個有自我掌控能力的人，而非無助者。

真正成熟的人，並不害怕讓別人看到自己的局限，因為他知道這並不會定義他的價值，反而展現了他對自我認知的坦誠與穩定。與此相對，那些試圖無懈可擊、全知全能的人，反而讓人難以親近，甚至引起防備。

讓別人卸下心防，從你開始

若你希望與他人建立真正有深度的信任關係，不妨從「適度示弱」開始。這不代表你要時常傾訴悲傷或暴露所有困境，而是學會在關鍵時刻承認自己也是普通人。當你說：「這件事我還在學習」、「我現在的情緒不太穩定，需要一點時間處理」，你讓對方看見你的真實，也同時給了對方「表現真實」的空間。

當一個人能放下完美形象，他會更自在，也更具影響力。因為與人相處最重要的，從來不是「讓人崇拜你」，而是「讓人敢靠近你」。

展現人性，是建立信任最快的方式

最後要強調，展露缺點不是目的，而是一種策略。這個策略的核心，是讓人相信你是可信的，是有人性的，是理解對方的。唯有在這樣的基礎上，真正的信任、合作與長久關係才得以建立。

完美是壓力的來源，真實才是關係的橋梁。當你勇於說出自己的不完美，別人也會因此放下對你的防衛，願意走近你、理解你、支持你。這種影響力，不來自強勢，而來自於你對自己的信任與接納。

1-3 ｜老實不是沒主見，是選擇不吵不鬧也能贏

主見與噪音並不畫上等號

許多時候，人們誤以為主見等於堅持己見、勇於表態、當場反駁，甚至與人爭鋒相對。特別是在公開場合或群體討論中，那些高談闊論、語氣強硬的人，常被錯誤認為具有領導潛力與主導意識；反之，那些選擇沉默、觀察或延後發言的人，則可能被標籤為「缺乏主見」、「不積極參與」。

這種表面化的印象判斷，其實忽略了「表達方式」與「判斷力」之間的本質區別。主見從來不是靠音量與場面來展現，而是在於能否清楚知道自己立場、價值觀與優先順序，並能根據情境做出獨立思考與選擇。

沉穩並非退讓，而是一種策略選擇

在實際生活中，有許多老實人看似順從、寡言，卻在關鍵時刻做出清楚而果斷的決策。他們不爭一時輸贏，不耗費情緒爭論，但卻對自己該做什麼、不該做什麼有極清晰的界定。

這種人往往具備高自我掌控力與環境敏感度。他們選擇「不吵不鬧」，並非沒有想法，而是知道在不對的時間表態，

徒增無效爭執；在不成熟的環境強出頭，只會讓自己成為靶心。他們選擇等待、觀察，並在真正有影響力的節點表達立場，那才是主見最有力量的時刻。

真正的主見，是做對的事，而不是說大聲的話

在團隊合作或決策過程中，總有人選擇用聲量主導討論，以為搶話就是展現能力。然而，真正具有主見與策略的人，往往不急於表態，而是先聽、先想、先觀察局勢，再提出最適當的方向或選項。

這種人具備所謂「延遲回應的智慧」，他們不急於成為「第一個說話的人」，但經常成為「最後一句定調的人」。他們了解，喧鬧之中人難以聽見重點，反而是沉靜的聲音更具穿透力。

老實不等於順從，而是清楚選擇的結果

當一個人選擇不爭，是因為他知道不值得爭；當一個人選擇不多言，是因為他明白有些話不用說，也能做到。這是老實人的特質，也是他們內在強度的體現。

有主見，不是靠語氣強勢來證明；而是當所有人都搖擺不定時，你能堅持初衷，不被拉走。當所有人都喧嚣高聲時，你願意靜下來想清楚自己的路。這樣的主見，是沉穩中帶力，是一種無聲的權威。

面對權威，沉默也可以是抗議

在某些文化與職場結構中，對權威的順從被視為美德，特別是對上級的指令與意見，許多人傾向於迎合、配合、甚至自我壓抑。然而，那些真正有主見的老實人，會選擇用另一種方式維護自我立場——他們不當面衝突，但會在執行中設下界線；他們不發難，但會在細節裡堅守原則。

這種不動聲色的堅持，看似柔軟，實則堅定。這也是為何在許多組織中，有些看似低調的員工，卻被高層高度信任，因為他們從不躁進、從不搶功，但每次發言都言之有物，行動可靠。

主見的本質，是你知道自己是誰

最根本的主見，其實來自深層的自我認識。當一個人清楚自己的價值觀、信念與界線時，他的決定不會隨外界擺動。他不需要透過對抗或高調來證明什麼，也不會因為沉默就迷失方向。

這樣的人，有時會被誤認為「太老實」、「太安靜」，但其實他們的每一個動作背後，都有清楚的計算與原則。這才是真正的主見——不是用來讓別人看到，而是用來指引自己。

安靜的人，未必無聲；老實的人，更有力量

許多研究與觀察都指出，那些性格內斂、不好爭辯的人，往往在關鍵時刻展現更大的領導潛能。這並不是因為他們忽然變得強勢，而是他們一直都有方向，只是選擇在對的時機表現出來。

他們的力量來自穩定與一致，來自每一次決定背後都有深思熟慮。他們不靠表現取勝，而靠價值累積。他們不吵不鬧，但從未缺席；他們不聲張，但從未迷路。

選擇沉默，是因爲知道什麼該說、什麼該忍

最後，我們應該理解，真正有主見的人，往往能掌握「何時發聲」與「何時保留」。沉默不是逃避，而是戰略。低調不是沒想法，而是選擇。

當一個人能夠靜靜地堅持信念、不被情緒裹挾、不因壓力妥協，那種安靜而堅定的力量，才是真正讓人信服與依賴的存在。

老實不是沒有主見，而是選擇不靠聲音贏得掌聲；選擇用行動、用價值、用結果來證明自己。這樣的你，也能不吵不鬧贏得全場尊重。

案例故事

老實人的逆襲：一位公務員的沉穩力量與無聲勝出

不被看見的第一年

林志翔進入市政府社會局的那一年，是他三十歲人生中的一個轉折點。他不是名校出身，也沒有什麼耀眼的經歷，只是憑著穩定的書寫力與基本的企劃能力，在眾多競爭者中擠進了錄取名單。他說話不快、不多；在新人訓練中，幾乎總是坐在後排安靜聽講。其他同期同仁積極與上司打招呼、搶著在群組中發表想法，他則低調參與，僅在必要時提出自己的見解。

第一年中，他被分派在最冷門的「社區弱勢輔助資料建檔專案」，這項工作不會上新聞、沒有公關光環，更與大多數人理解的「政績」無關。他從不抱怨，反而把全市六區的檔案系統逐一校對、修正、補錄。他甚至自學資料視覺化工具，讓那些一眼看不懂的表格成為市政簡報中最清晰的亮點。

然而，一整年下來，沒有人特別記住他的名字。他不爭、不吵，也不多解釋。局內有幾位同期早就進入「局長特助組」，每週進出市長官邸做簡報，志翔仍然安靜地坐在社福倉庫旁的小辦公室裡整理資料，整理一份又一份的匿名案主紀錄。

沉穩下的主見與行動力

第二年，市政府推行一項名為「社區參與式預算」的改革措施，預計讓各區民眾直接參與資源配置提案。然而，第一階段方案設計與收案流程混亂，導致民眾參與率低落、地方里長反彈。這時，志翔被臨時調派支援專案小組，僅是作為備援資料員。

但他很快發現問題不在民眾冷淡，而在市府的公文設計過於艱澀，里民根本看不懂申請機制。他默默重新設計了一版對照表，把繁複的申請內容簡化為流程圖、關鍵問答與案例解釋，在內部會議時默默附在資料後方。

局長看到後一眼驚豔：「這種才叫做真正懂基層！」會後沒多久，他被調入核心小組。當時所有人都以為只是臨時支援，沒想到兩個月後，整份政策簡報成為全市最具標準化的版本。媒體也開始報導「參與式預算翻身成功」，局長在訪談中特別提到「一位後勤的同仁提供了破局的關鍵資料設計」。

他沒有爭取功勞，只有在會後簡單地說：「因為我也看不懂那些表格，所以我用一種我自己也看得懂的方式去重寫。」

不聲不響地被放進決策圈

這次事件之後，雖然志翔依舊沒有多說話，但他的影響力逐漸浮出水面。局內有越來越多部門的人找他協助內部文件的邏輯梳理與民眾溝通轉譯。有人說他是「公部門最會寫白話文的人」，也有人私下稱他為「不出聲的智囊」。

他的轉折點，來自一次他幾乎沒參與討論的專案。

在年度預算審查會上，某部門提出一項新政策構想，表面上立意良好，但在細節中牽涉多個法規灰區，若直接推動極可能被議會否決。在那場會議中，他沒有插話，只在結尾時低聲說了一句：「我整理了一份對照資料，包含法律交叉點與去年其他縣市的類似案例。」

當時沒人以為這是一個轉捩點，但兩週後，這份資料成為局長向議員說明政策合法性的最有力證據。局長說：「志翔，你說得很少，但你每次開口都讓人省去兩週功課。」

那一年，他成為唯一一位升任副專員的新人，沒有任何公開推薦，也沒有經歷大張旗鼓的背書。他靠的，就是每一次「沉默但準確」的選擇。

老實不是軟弱，是信念不靠聲音證明

林志翔從未在會議中大聲爭取，也沒有在辦公室裡高談闊論政策理想。他始終如一地準時上下班、回覆訊息簡明清楚、資料條理分明。他不請託、不靠關係，但卻被越來越多人默默依賴。

有人曾問他：「你為什麼每次被問意見總是先說你再想想？這樣不會被覺得沒有想法嗎？」

他淡淡回答：「我不是沒有想法，我只是不想為了表達自己而忽略問題的本質。」

他的回應，看似平淡，卻藏著真正的底氣。他知道什麼該說、什麼可以等；知道不一定要做領頭的人，但要當一個每次出手都能解圍的人。他選擇不用聲音搶走注意力，而是用內容累積信任。

無聲的力量，才最深刻

幾年後，林志翔成為社福處政策發展組的組長，手下帶著曾經那些比他高調、反應更快的同期同仁。他依然安靜、不多言，卻常常在困難會議中給出最冷靜的提案。

新進人員問他：「組長，您以前是怎麼建立人脈的？」

他笑著說：「我沒建立人脈，我只是讓別人覺得我值得信任而已。」

這句話，正是他作為一個老實人，在複雜人際與體制之中沉穩勝出的縮影。

他從不搶話，卻總能定調；從不爭功，卻總是關鍵；從不高調，卻一直在場。

Chapter 2 |

拒當爛好人：你的界線決定你的分量

行動綱領表

主題：你不畫界線，別人就當你沒底線

行動目標	對應行為建議	日常練習提醒	請你避免的陷阱
界線要說清楚	對於不合理請求，回應「我不方便／這次我無法幫忙」，不用補太多理由	練習簡單說不：「這次我先不接，但謝謝你找我」	硬吞下來後又私下生氣，陷入自我折磨循環
溫和但不退讓	拒絕時語氣可以和緩，但內容要清楚，避免「好像可以」的模糊訊號	先在紙上寫出拒絕臺詞，練習不閃躲	不敢回應、拖延不處理，最後自己全包
把界線說在人前	與同事／家人溝通明確原則（如下班不回訊、私人時間不接工作）	公開設定一條「我希望這樣互動」的生活原則	想說「先忍一下就過了」，結果一忍就是三年
分清幫忙與被用	幫忙一次是善意，幫到底是失衡，評估是否回報對等、有對彼此尊重	問自己：「這是互相，還是我在單方面填補他人失職？」	一直默默承擔，對方反而越來越不尊重你

行動目標	對應行為建議	日常練習提醒	請你避免的陷阱
把責任還給該負責的人	當別人拋責任給你，回應：「我相信你自己能處理得很好」或「這不屬於我的範圍喔」	練習不當救火隊，讓對方面對應承擔的後果	忍不住跳下去救場，讓自己又成背後無名英雄

小提示：

- 拒絕不是對立，是保護你與對方關係的邊界。
- 界線不是冷酷，是讓你不再燃燒自己照亮別人。

2-1 ｜別再當「情緒收納箱」：你的善良該加價

善良不是讓你成爲垃圾桶

在許多關係裡，我們都曾因為「不想讓人失望」、「不願破壞關係」，選擇當一個願意傾聽、幫忙、忍耐的人。這樣的選擇本身無可厚非，但若不加辨識與調整，很容易演變成一種情緒與資源的單向消耗，最終成為他人的「情緒收納箱」。

所謂情緒收納箱，是指你不斷接收他人的情緒垃圾與壓力傾倒，卻從未獲得真正的尊重與回饋。你一次次安慰、讓步、協助，對方卻習慣性地將問題推給你、將責任轉給你、將挫折情緒倒在你身上。到最後，你不是被需要，而是被習慣。

你以爲是溫暖，其實只是便利

許多「好人」之所以成為情緒收納箱，來自一種深層的自我需求——希望透過幫助別人，獲得肯定與價值感。這種心理動力可能源自成長背景或早期關係經驗，例如習慣於成為家中調和氣氛的人、總是背負兄弟姊妹的責任角色等。

然而，當你過度將「讓別人好過」當成你存在的意義時，你就不自覺地把自己的情緒與需求擱在後面。久而久之，你會發現你成為最會「理解他人」、最不會「被理解的人」。

別人找你傾訴、找你幫忙、找你紓壓，但當你真正脆弱時，卻發現沒有誰願意為你停下來聽。你想說自己也累了，也會痛，也需要空間，但你說不出口。因為你知道，一旦你不再穩定、成熟、樂觀，這段關係就可能崩潰。

這不是溫暖，這只是方便。

你不是責任中心，你只是沒有設防

有些人總覺得「別人會找我，是因為我值得信任」，但事實可能更冷酷：別人會找你，是因為你不會拒絕。

當你不設防、沒有界線、永遠保持配合，某些人就會將你視為「理所當然」的選項。你的善意變成了義務，你的體貼變成了工具。你沒有被愛得更多，只是被消耗得更快。

在這樣的情況下，許多人會產生情緒疲乏、價值懷疑甚至關係倦怠。你開始懷疑自己是否過度敏感、是否太計較，但真正該被問的是：「這些人有真的在乎你的情緒與勞累嗎？」

界線不是距離，是尊重的起點

要停止這種耗損，第一步就是重建界線感。所謂界線，並不是拒絕幫助、推開關係，而是讓他人知道你的資源是有限的，你的時間與情緒需要被尊重。

例如：

- 當對方在深夜發來負面訊息時，你可以回覆：「我明天早上會看，現在需要休息。」
- 當你在忙碌中接到突如其來的情緒宣洩，你可以回應：「我理解你的情緒，但我目前沒辦法馬上處理，請給我一些空間。」
- 當你發現自己的幫助被視為常態，你可以平靜地說：「我願意支持你，但希望這是雙向的。」

這些話語乍聽可能生硬，但實際上卻是重建平衡的開始。當你願意為自己的界線發聲，你也在教會對方如何尊重你。

界線會淘汰錯的人，留下對的人

許多人擔心設立界線會失去關係，但事實恰恰相反。界線會篩選出真正珍惜你的人，讓那些只想索取、不願回應的人自動離開。這種流失不是損失，而是淨化。

你不是情緒服務站，也不是萬能支援系統。你是一個有需求、有情緒、有尊嚴的個體。當你開始為自己的感受負責，你才有空間去建立真正健康、互信、互補的關係。

善良要加價，因爲它不是便宜貨

善良如果沒有底線，就會被誤解為弱勢；善意如果沒有代價，就會被當成廉價。你可以願意傾聽，但你不必每天 24 小時待命；你可以提供支援，但不是每次都無條件買單。

善良應該成為你人格的光芒，而不是情緒的負債。你應該有權決定：什麼時候提供幫助，什麼時候先保護自己。這不是自私，而是你開始對自己負責的表現。

不當情緒收納箱，你可以這樣做

以下是幾項實際可行的調整方式：

一、限定溝通時間

與習慣性情緒傾倒的對象，建立明確的聯絡節奏。例如：「我白天在工作，晚上再聊。」

二、辨認關係型態

思考你們的互動是否一直是單向的支持？如果是，你可以主動調整互動比例，例如提出「這次換我說說近況」。

三、練習尊重自己

當你感到累、煩、沮喪，請不要用「應該要懂事」、「我比較能扛」來說服自己硬撐。你不必扮演別人的情緒避風港，你可以選擇先照顧自己。

善良不是誰都能承擔的資格

最後，請記得：善良本來就該加價，因為它代表你願意為別人花時間、耗精神、投入感情。而你不是什麼人都該給，也不是什麼時候都該給。

真正值得你付出的，是那些在你拒絕時還願意等你、在你設下界線時願意理解你的人。你不是情緒收納箱，你是個有價值的人，而價值的展現，從你願意保護自己開始。

2-2 ｜你以為是包容，其實他們看不起你

包容不是沒有脊椎，而是有原則的寬容

許多人在關係中習慣性選擇退讓，不論是在職場的合作、情感的衝突、甚至家庭裡的角色分配，總是想著「不要計較」、「睜一隻眼閉一隻眼」、「反正我比較會忍」。這樣的包容，在初期可能確實能維持表面和諧，但時間久了，你會發現，這種「一再忍讓」並不會換來他人的理解或感激，反而會讓人開始不把你放在眼裡。

真正的包容應該是一種內心堅定、願意看見差異與接受多元的成熟選擇，而不是因為懼怕衝突、害怕被討厭而產生的退讓。當你在關係中一再地壓抑自己、妥協原則、默許不公平的對待，你不是在展現大度，而是在默默授權別人「踐踏你的底線」。

你的沉默，可能被理解爲默許

社會心理互動中有個潛規則：你不說話，對方就會以為你同意。 這是一個殘酷但真實的現象。當你面對不公平、不

合理、不對等的待遇時選擇沈默，別人多半不會認為你在修養或包容，而是會假設你「沒意見」、「不在乎」或「理所當然可以被這樣對待」。

當這樣的模式一再重複，你在對方眼中的地位只會不斷下滑。即便你曾經在心中無數次想：「我是在顧全大局」、「我是不想計較」、「我是在為團隊和諧著想」，但這些念頭若沒有被清楚傳達與界線行為支持，它們只會變成單方面的解釋，而不是被認可的美德。

他們不是不懂，而是覺得你不會反擊

許多人誤以為他人會因為自己一次次的包容與忍耐而生愧疚與感恩，事實上，多數人並不會去深究你做出讓步背後的心理動機。他們只會根據表現來解讀訊息，而你持續的讓步與低姿態，很可能讓對方產生一個錯誤認知：「你不敢、不會、也不會反擊。」

這樣的誤解會引發連鎖反應。對方會更加大膽地忽略你、指使你，甚至公開矮化你。你以為你在維持和平，實際上卻是在塑造「可以被踩」的人設。一旦這種關係成型，你想要重新爭取尊重與對等，將變得更加困難。

過度包容，其實是對自己的背叛

當你一次次選擇包容，但內心卻越來越疲憊、越來越委屈，那就不是健康的關係模式，而是一種慢性的自我消耗。你壓下的不只是情緒，還有自尊；你讓步的不只是原則，還有自我價值。

過度包容讓人誤以為你沒底線，讓你自己開始懷疑「我的感受是不是太過敏感」、「是不是我太計較」，久而久之，你失去的不只是他人的尊重，更是對自己尊嚴的保護能力。你表面上是和氣的，但內心早已充滿怨懟，這會讓你在人際關係中變得越來越疲乏與焦慮。

真正的包容，是懂得選擇與堅持

如果你真的想要維持關係的和諧與成熟，那你需要練習的是選擇性包容，而非無條件退讓。你要清楚哪些行為可以接受、哪些原則不可退讓。你可以理解他人的情緒、體諒對方的困難，但同時，也要讓對方知道你不是沒有立場與底線。

例如：

- 當同事一次又一次將責任推給你時，不要再默默接手，可以清楚說：「這是你負責的部分，我能協助你，但不是代做。」

- 當伴侶總是在情緒中言語傷人，不要說「他只是壓力大」，而是應回應：「我理解你有情緒，但我們需要找一種不傷人的方式溝通。」
- 當家人一再忽視你的時間與安排，你可以說：「我會支持你，但我們需要事先協調，而不是臨時通知我就得改行程。」

這些做法讓你仍然保有善意，但同時也清楚劃出界線，讓他人知道你的尊重不是無限量供應，而是建築在對等理解上的。

好的關係，容得下界線，也容得下真話

很多人害怕設定界線會傷害關係，事實上，真正成熟且健康的關係，反而是建立在清楚界線與坦率溝通之上。當你能夠適時表達不滿、說出需求、堅持原則，對方才會真正理解你的感受，也才會將你視為一個「可以平等互動」的人，而非只是「可以利用」的人。

那些願意尊重你界線的人，才是值得維持的關係；那些一旦你設下界線就開始疏遠、生氣、指責你的人，其實只是失去了控制你的工具。

包容不是沉默，而是有選擇的尊嚴

最後請記住，你可以選擇包容，但不是選擇沉默與犧牲。真正的尊嚴，不是你忍得多，而是你在什麼時候選擇發聲、什麼界線你不願退讓。你越是對自己誠實，別人才越會對你認真。

你不是不該包容，而是要有條件地包容。因為唯有讓人知道你不是可以輕易妥協的那一個，你的溫柔才會被珍惜，而不是被踐踏。

2-3 ｜幫不是錯，錯在你從不說「夠了」

樂於助人，怎麼變成一場自我消耗？

「能幫就幫吧。」這句話曾是你信奉的原則，也許你相信好人有好報，也許你只是單純不想讓別人為難。然而，你會發現，當你持續地幫、無條件地幫、毫不保留地幫，有一天你會開始懷疑：那些你幫過的人，真的把你放在心上嗎？還是只是當你是一個「永遠都會說好」的工具人？

幫助本應是一種關係中的善意流動，但若缺乏明確界線，它就會轉變為單方面的壓力與枷鎖。真正的問題不是你幫了誰，而是你從來沒有說過「不」。

永遠的支援角色，終究會被遺忘

在職場裡，有一類人特別容易被「指派工作」：總是準時、從不推辭、沒什麼抱怨。最初大家覺得你可靠、穩定，但久而久之，「交給你」變成了「應該的」，而不是「感謝你」。升遷名單沒有你、獎金分配沒有你、功勞匯報沒有你，因為在他人眼中，你只是完成工作，而不是創造價值。

在家庭或感情中也一樣。你可能總是那個接送家人、處理帳單、打掃整理的人。每當有事時，他們第一個想到你；但當你需要支持時，他們卻總是「最近很忙」、「你比較會處理吧」、「你向來都 OK 啊」。

不是你不夠好，而是你讓別人習慣你不會拒絕。

一個沒說過「夠了」的人，不會被珍惜

幫助變成習慣，習慣變成期待，期待變成壓力，而壓力最終讓你失去自我。那些從不感謝你的人，不是因為你做得不夠，而是因為你從不讓他們知道「你也是人，你也會累」。他們不會主動替你設限，因為你從不告訴他們界線在哪裡。

長期下來，你的內心會產生怨懟，你會開始討厭幫助別人的自己，甚至變得冷漠與抗拒。這不是個性變了，而是因為你曾經給過太多，卻從未獲得平等的回應。

設下「夠了」的訊號，是一種情緒保護機制

學會說「夠了」並不是停止幫人，而是開始幫對的人、用對的方式、在對的情境中付出。這樣的你，才不會被消耗，也才能持續維持溫柔與善良。

可以這麼做：

- 限定幫助的次數與範圍。例如：「我這週能協助你兩天，之後就得回到自己的安排。」
- 替自己的付出建立條件與補償。例如：「我可以幫你處理這一批資料，但我們要調整原本的分工。」
- 用明確語言說明情緒狀態。例如：「這陣子我壓力比較大，可能無法隨時支援，需要你自己處理。」

這些語句不是疏離感情，而是幫你保護情緒與資源的「語言界線」。

真正健康的互動，是雙向而非單向的給予

一段成熟的關係，不論是同事、朋友或伴侶，都應該容得下「我這次不行」，並理解「你不能一直幫」。當你願意表達自己的極限，真正關心你的人會調整他們的行為，而不是指責你變了、冷淡了。

若有人在你說出「夠了」後開始冷處理你、批評你「計較」、「難搞」，那就代表他過去從來不是因為欣賞你才接近你，而是因為你剛好好用。

停止無止盡地付出，才能留住自己

幫忙不是錯，錯在你從來沒告訴別人什麼是「太多」；錯在你相信「只要我一直給，就會有回報」；錯在你對別人有耐

心，卻對自己沒底線。

你可以幫人，但你不能幫到讓自己失去判斷力、耗盡耐性、甚至質疑價值。真正成熟的幫助，是出於意願，而不是出於壓力與習慣。下一次，當你想說「沒關係，我可以幫忙」之前，先問自己一句：「我這次，真的願意嗎？」

案例故事

從被利用的幫人者，到設定界線的成熟者
—— 黃育誠的「爛好人」翻身記

大家眼中的「好好先生」

黃育誠是某大學行政處的資深專員，年近四十，做事細心、脾氣溫和，是公認的「好好先生」。無論是協助教授處理申請、幫同事代班處理家務事，甚至幫忙學生影印資料，他總是來者不拒。「育誠人很好」、「他不會拒絕的啦」，成了整棟辦公室對他的集體定義。

這樣的形象讓他在前幾年深得人心，人人見他都有好感。他也一度以為，這種「不計較、不拒絕」的人設，是建立人際信任與穩定關係的最佳策略。

然而，他沒發現，自己的職責正在逐步模糊 —— 許多不屬於他工作的事被默默推給他；開會沒被通知，卻被要求彙整結論；別人犯錯，他被默認為「最適合」幫忙擦屁股。

疲憊堆積的邊界模糊

轉捩點出現在育誠的母親生病那年。他開始需要頻繁請假、安排醫院接送與長照申請。即使如此，他仍然咬牙堅持

完成工作。某次在請病假後隔天上班，他發現主管把他休假期間的專案改指派給另一位資歷較淺的新人，並公開稱讚該同仁「主動積極，值得培養」。

他沒有任何情緒表現，只淡淡笑了笑，但那天晚上他一個人坐在車裡，久久沒發動引擎。他第一次懷疑：這些年來，自己真的被尊重過嗎？還是只是因為不拒絕，所以變得廉價？

隔週，他按慣例加班處理文件時，接到一通系上行政助理的電話：「育誠哥，那個會議室我沒登記到，可以幫我橋一下嗎？你認識負責人嘛！」

他一如往常回答：「我看看。」

放下電話的瞬間，他突然意識到，這不是第一次，也不會是最後一次 —— 只要他還沒說過一次「夠了」。

內在崩潰前的自我覺察

某天傍晚，他與幾位老師參加一場對外說明會，會後被留下善後：收拾資料、裝箱、聯絡場地。整場活動沒有人主動幫他，甚至沒人說謝謝。

夜裡，他回到家，獨自坐在廚房角落，拿出手機寫了一行訊息：「其實我今天也很累，也希望有人能看見我。」

但那行字從未送出。他刪了，又重新寫上另一句：「我下週不能再幫忙了，有家中照護安排。」這一次，他按了送出。

那是他第一次，對長年依賴他的人說「不」。

「幫」與「不幫」之間的轉捩

育誠開始學著說「我不方便」、「我需要考慮一下」，剛開始身邊的人一臉錯愕，甚至出現議論：「育誠最近變了」、「他以前不是這樣的人」、「怎麼變得這麼冷淡？」

他一度動搖。直到有一天，他收到一位實習生的匿名感謝信：「謝謝您那天對我說『別人有問題不代表你要負責』，我才意識到我一直都在自我壓榨。」

那一刻他明白，界線不只是保護自己，更是一種示範、一種教育。他不再只是幫人完成瑣事的人，他開始成為一個讓別人學會如何負責任、如何自立的人。

成為選擇性付出的人

一年後，育誠被調任至跨校行政整合小組。他開始習慣在開會前先確認分工範圍，不再默默承攬多餘工作；同事提出協助請求時，他也會問：「這件事是你的份內工作，還是額外需要支援？」當對方說：「就想說你比較快處理嘛！」他第一次正面回應：「我也有自己要完成的部分，我可以協助規劃，但不會幫你全部做。」

令人意外的是，越來越多同事開始尊重他的專業與意見，有人說：「育誠現在更有分量了，他說的話我會特別聽。」主管也明確表示：「我欣賞你現在會選擇要做什麼、不做什麼的成熟。」

他不再怕被貼上冷漠的標籤，因為他知道自己再也不是被動承接的爛好人。他開始用策略判斷何時出手、如何付出，讓自己的善良成為有稜角、有意識的選擇。

「夠了」，不是結束，而是開始

育誠的人際圈沒有因此縮小，反而更加清晰與穩定。他的幫忙不再是被期待的「一定」，而是被尊重的「願意」。他不再是被消耗的角色，而是成為合作中值得信賴的夥伴。

他常說：「我沒有變，只是我學會把『好』放在對的地方了。」

這句話，成了他擺脫爛好人角色、重建個人尊嚴的最佳注解。

Chapter 3 ｜ 拒絕的勇氣：學會說「不」，你才開始有尊嚴

行動綱領表

主題：拒絕不是失禮，而是自我尊重的開始

行動目標	對應行為建議	日常練習提醒	請你避免的陷阱
練習說出第一個「不」	從生活中小事開始練習拒絕（如：借東西、加班、臨時改變行程）	用「這次我不方便／我有別的安排」做為開場語	以沉默逃避答覆，默默答應後內心充滿懊悔
理解拒絕≠傷人	說「不」不代表攻擊對方，而是選擇對自己誠實	語氣溫和、語意堅定：「我現在真的沒辦法幫這個忙」	過度解釋、道歉，讓拒絕變得像是你做錯事
制定「拒絕模板」	預先準備好 3 種情境用語（應酬、工作、情感）提升臨場反應力	寫下你的拒絕句型練習卡，反覆練習說出來	被問到時慌張答應，事後又後悔卻不敢收回
把自己排進行程表	遇到邀約前先問自己：「我願意花這個時間／精力嗎？」	把自己需求視為「正當選項」，不是看心情才說不	總是讓自己壓縮、配合，最後沒時間處理自己真正重要的事
接受「拒絕後可能會不舒服」	你不需要讓每個人都開心，你只需要讓自己不再失衡	練習在拒絕後不自責，給自己一句鼓勵：「我只是守住自己」	拒絕完急著補償、過度解釋，反而模糊界線與立場

小提示：

- 真正的關係不會因一次拒絕就破裂，會因此受傷的，不是朋友，是負擔。
- 拒絕不是冷酷，是清楚知道「我能給什麼，也能不給什麼」。

3-1 ｜第一次不好意思，後面都會變理所當然

拒絕，是自我價值的起點

「你能不能幫我一下？」這樣的請求你可能再熟悉不過。一次、兩次、三次……起初你可能覺得沒什麼，多幫一點是做人的體貼與彈性。尤其第一次來自關係良好的同事、朋友或家人時，往往因為「不好意思拒絕」，你選擇了點頭。

但你沒有意識到的是：你的一次「好吧」，可能為日後一連串的「理所當然」打開大門。

人際互動中，界線的建立往往不在你說了多少「不」，而是在第一次你「沒說不」的時候。當你第一次讓出自己的時間、空間、情緒、資源，卻沒有標明這是一次性、例外或特殊情況，對方會習慣性地認為這就是「常態」。而從常態變成期待，只需要一次機會。

「不好意思」是人情勒索的溫床

我們從小被教導要體貼、配合、維持和諧。尤其在亞洲文化裡，禮讓與合群被視為美德。但這樣的社會心理習慣，也讓許多人長期陷入一種「怕拒絕」的焦慮。

這種「怕」，不是怕失去機會，而是怕破壞關係。你擔心說不會讓對方覺得你冷淡、不合群、難搞；你害怕變得難以相處，所以選擇犧牲自己的時間與資源來維持一段表面的關係。但這種關係，最終不但無法真正長久，更會讓你陷入被動與委屈的困局。

真正的人際信任，不建立在「永遠說好」上，而是建立在「願意表達真實界線」上。你說「好」不一定會讓人更喜歡你，反而可能讓人以為你「無底線、好操作」。

界線不清，是自己默許了被占便宜

若你回顧過去，那些讓你最感到委屈、被消耗的互動，幾乎都始於某一次你「其實不願意，但還是答應了」的情況。那個當下你可能心想：「這次就算了」、「先應付一下」、「我再扛一下沒關係」，但這些自我妥協的瞬間，會被對方記錄成：你可以、你會、你應該。

等到你終於覺得受夠，想要劃出界線，對方往往會說：「你之前都可以啊」、「你以前不是都幫得很快嗎？」這時你會發現，最大的錯誤不是幫了別人，而是沒在第一次就清楚說明：這是幫忙，不是義務。

界線不是吵出來的，而是從第一次互動就該標示清楚的。你可以說好，但不能讓對方以為永遠會是好。

拒絕的成本，其實比你想得小

多數人不敢拒絕，是高估了拒絕帶來的「關係破裂風險」，但低估了長期配合帶來的「自我消耗後果」。

事實上，當你勇敢地說出「我現在不方便」、「我沒辦法負擔這件事」時，真正成熟的人會理解你；而那些立刻情緒勒索你、批評你的人，其實正好透露了他們的真實意圖：他們不是在乎你，而是在乎你的可利用性。

你會發現，當你開始學會拒絕，那些真正重視你的人，會反而對你多一分尊重。而那些只在你答應時才靠近你的人，也會自動遠離。這不是人際損失，而是一次篩選。

好人不是一直幫，而是知道何時該說不

當你總是被認為「好講話」、「配合度高」，別人會自動減少對你的詢問與尊重。因為你從未說過不，所以別人從未需要認真衡量你的成本與感受。

好人並不代表你什麼都接，什麼都配合。真正的好，是能幫時幫，不能幫時說清楚；是願意付出，但也懂得劃線；是有選擇地展現善意，而不是永遠不設限地犧牲自己。

當你懂得保護自己，別人才會學會尊重你。

「第一次」很關鍵，學會用語言設界線

有些人真的不是惡意，而是因為你從未表達過自己的界線與困難。與其默默不滿，不如在第一次就建立清楚的互動規則。例如：

- 「這次我可以幫，但下次可能沒辦法喔，要先講好。」
- 「我目前的工作量已經很滿了，可能沒辦法接手新的部分。」
- 「這不是我負責的範圍，但我可以協助你找到負責的人。」

這些說法不冷淡、不疏遠，卻足以讓對方明白：你有選擇權，也有原則。

尊嚴，是從第一次說「不」開始建立的

我們無法控制別人怎麼看待我們，但我們能決定如何讓人認識真正的自己。你可以做個好人，但不要做個失去界線的爛好人。你可以幫忙，但不能幫到讓人忘了你也有底線。

尊嚴不是你被尊重了才會出現，而是當你選擇保護自己、尊重自己時，自然會被感受到。

3-2 ｜不拒絕，是你成為工具人的開端

工具人從來不是別人決定的，是你默許的角色

在日常人際互動中，「工具人」這個詞經常被用來形容那些總是被利用卻不自知、無條件給予卻無人回應的人。他們不一定笨拙、也未必缺乏能力，甚至往往是群體中最有責任感、最肯付出的那一群。然而，他們卻經常淪為被需求者，而非被珍惜者。

真正讓人淪為工具人的，不是對方的無情，而是自己從未設立「不能」的界線。每一次你不拒絕，其實就是一次對這個角色的默認與簽收。

你以爲的善良，別人只看成「好用」

當你總是主動填補漏洞、彌補他人錯誤，當你總是在第一時間說:「我來」、「沒問題」、「我處理」，你在別人心中建立的，不是「不可取代的專業形象」，而是「隨時可用的臨時資源」。

沒有人會真正重視一個不設底線的角色。你的主動與付出，若沒有明確的限度與原則，別人不會因為你做得多就更尊重你，反而會因為你「不會說不」而降低對你的要求標準與互動深度。

你變得只是「能用、好用、方便用」，而不是一個「值得平等對待」的人。

工具人並不總是無能，而是過度取悅

許多工具人本身其實能力不俗，但因為過度追求被肯定、害怕被拒絕、渴望被需要，反而失去了對自己立場的掌控。他們總是把「能幫就幫」當作人際經營的基本原則，卻從不審視自己的心理動機與能量邊界。

這樣的狀態會讓他們在人際關係中逐漸失去主體性。當他人對你的第一反應是「你可以幫我什麼？」而不是「你最近好嗎？」，那就代表你的角色已經發生了偏移：你不再被看作一個完整的人，而是一個功能性資源。

當你沒界線，別人也不會給你尊重

尊重從來不是靠做多少贏來的，而是靠你如何定位自己爭來的。當你不曾讓別人知道什麼是你的底線，他們就會把你當成沒有底線的人。這不是惡意，而是人性。

例如：

- 你不曾對同事說：「這不是我職責範圍內的工作」，下次他仍然會交給你。

- 你從未跟伴侶說：「我也需要情緒支持」，對方就會習慣只把你當作他的心理垃圾桶。
- 你沒有對朋友說過：「這樣的相處方式讓我不舒服」，他就會繼續開你不願接受的玩笑。

界線不是他人設給你的，而是你自己劃出來、堅持住的。

拒絕，是恢復人際平衡的第一步

每一次拒絕，都是一次對關係重新校準的機會。你讓別人知道：你不是隨時可用，你有自己正在進行的重要事、有不願被侵犯的空間、有不能被越線的原則。這些訊號才會讓人開始對你產生新的態度與認知。

你可以這麼做：

- 「我目前的工作已經排滿了，可能沒辦法幫忙。」
- 「這樣的要求有點超出我能處理的範圍。」
- 「這件事我希望我們能先討論界線，而不是默默讓我處理。」

這些說法不必激烈，但必須堅定。拒絕不是為了翻臉，而是為了讓關係走向更成熟的互動模式。

工具人轉身，不是冷漠，而是自我回收

當你長期被視為「好用」的那一個，轉變過程會痛。因為你不再符合別人對你的「期待角色」，而這會讓某些人不習慣，甚至批評你「變了」、「不好相處」、「自私了」。

但請你堅持。因為真正的自私，不是保護自己，而是那些一直消耗你卻不自覺的人。

回收你給出去的時間、空間與注意力，不是你變冷了，而是你開始學會「尊重自己」這件事。你只有先把自己當人看，別人才會把你當人看。

你不是工具，你是有選擇的個體

請記住，你不是誰的附屬選項，不是隨叫隨到的支援員，不是任人調動的自動導航機器。你是有情緒、有原則、有自主選擇權的人。你的每一次說「不」，都是一次對自我價值的聲明。

你越能清楚拒絕錯誤的期待，就越能創造出真正值得擁有的關係。你不必一直好用，你只要被正確的人，正確地對待。

3-3 ｜拒絕的藝術：不撕破臉，也不再吃悶虧

拒絕，不必用撕破臉來換自由

多數人之所以害怕拒絕，是因為誤以為拒絕必然伴隨衝突；彷彿只要說了「不」，就會破壞關係、招致對方不滿、落人口實。然而，真正高明的拒絕方式，從來都不是硬碰硬的對立，而是建立在「清楚但不敵對」、「堅定但不攻擊」的原則上。

會拒絕的人，不是那種處處挑釁、話語尖銳的人，而是懂得在表達立場的同時保留對方臺階、給出替代方案、用語氣柔軟降低對抗感的人。他們不是逃避問題，而是用更有策略性的方式維護自己的資源與界線，同時保住關係的完整度。

不撕破臉，關鍵在於「先理解，後表達」

溝通中最常見的衝突來自於：「我拒絕你了，但你覺得我在否定你這個人。」為了避免這種情緒誤會，成功的拒絕者往往會在表達前，先明確傳遞理解與尊重的訊號。比起直接說「我沒空」、「不行」，更有效的方式是：

- 「我很理解你現在的需求，但目前我的安排真的無法配合。」
- 「我願意幫忙，但這樣的方式可能會讓我吃緊，我們能不能再找別的做法？」
- 「我想先確認一下，我能給的資源有限，怕幫了你反而沒辦法做好。」

這樣的話語結構，先緩和對方情緒，再堅定提出立場，屬於典型的「非對抗式拒絕技巧」。這不只是溝通技巧，更是一種面對關係壓力時的成熟表現。

拒絕不是關係的終點，而是邊界的建立

許多關係會因為長期不拒絕而逐漸失衡。當一方總是接受、付出、支援，而另一方從未被限制、提醒或校準，這段關係遲早會傾斜。

真正能長久的關係，是有清楚邊界、雙方都有空間調整與表態的關係。當你願意在對的時間、用對的方式表達「這件事我不願意」、「這個要求超出我的負荷」，你不但不是破壞關係的人，反而是維護健康互動的角色。

拒絕並不表示你冷淡，而是你選擇保護你們之間更長遠的互動可能性。

拒絕的話怎麼說，會決定你怎麼被記住

有些人拒絕時情緒過重，話語過硬，讓原本可以維持的關係瞬間惡化;也有些人拒絕得太模糊，讓對方根本沒聽懂，反而持續越界。這都會讓拒絕失效。

以下是幾種實用的語句模板：

- 緩衝型語句：「我需要再考慮一下，因為這對我來說有些挑戰。」
- 立場型語句：「我一直希望自己能幫得上忙，但這次的情況不太適合我處理。」
- 轉向型語句：「這件事我可能沒辦法參與，不過我知道誰可以提供協助。」
- 預告型語句：「未來我可能沒辦法像過去那樣支援那麼多，希望你能理解。」

這些語言的重點不是「拒絕」本身，而是透過選詞與語氣降低被誤解為「對人不對事」的風險。

被討厭的可能，永遠小於自我消耗的代價

學會拒絕，意味著你願意承受某些短期的不理解或不滿。但請記住：這些短期情緒，不會造成你的人格傷害；真

正讓你受傷的，是那些你不敢說「不」而一再吞忍的累積與委屈。

當你開始說「不」，你可能會讓某些人不開心，但你會開始讓自己喘得過氣;當你勇敢拒絕，你可能會讓一些人離開，但你也會吸引真正尊重你、理解你界線的人走近。

不拒絕，是你迎合了所有人，卻丟了自己；會拒絕，是你終於選擇和自己站在一起。

最成熟的拒絕，是讓彼此都保留尊嚴

最後，請記住：你不是為了成為一個難搞的人而學會拒絕，而是為了成為一個有主體、有分寸的人而練習拒絕。拒絕不是破壞關係，而是給出一種更清楚的互動方式；不是讓對方難堪，而是讓自己不再難過。

成熟的拒絕不是「我說不，你去死吧」，而是「我不能，但我仍然在乎這段關係，願意用另一種方式支持。」

拒絕，不該讓人受傷；更不該，總是讓你吃悶虧。

案例故事

從說不出口到不再吃悶虧
—— 一位教育行政主管的自我界線重建之路

總是說「好」的主管

彭雅雯是某縣市教育局的學務組組長，已在公部門服務十六年。她為人謙遜、說話溫和，是許多基層學校主任與教師口中的「好長官」。有行政問題找她，她永遠會幫忙彙整、協調；有公文不熟悉找她，她一條一條條列圖示說明；就連學校辦活動經費不足，也常私下幫忙多補一點「彈性預算」。

她從來沒說過「不」，即使心裡再累再煩，也總擠出笑容說：「沒關係，我處理看看。」

大家都說：「彭組長真好講話。」但她自己知道，她已經快撐不住了。

第一次想說不，卻吞回去

某次縣內三所國中聯合辦理區域性運動會，臨時少了一筆補助。承辦學校請雅雯出面幫忙跟局內爭取追加預算。她心知局內根本不可能再撥款，但校長電話一來就是：「拜託啦，我們大家都看你面子才合辦的，妳不說話我們會很難做。」

她猶豫幾秒，張嘴想說：「我真的幫不了。」但最終還是說：「我再試試看。」

她掛完電話，胸口像被壓著石頭。

那天晚上，她為了這份不可能追加的預算，修改三份核銷表格、寫了一份補充報告。這不是她第一次「勉強自己去滿足別人」，也不會是最後一次。只是這一次，她第一次覺得 —— 不甘心。

情緒爆發前的沉默崩塌

幾週後的跨局處會議上，另一位課督組長在報告中以輕描淡寫的語氣指出：「之前的活動經費流程問題，也請彭組長下次注意協調。」全場沒有一個人替她出聲。

明明那件事是對方延遲送件，她為了幫忙才「違規補送」申請，現在反倒變成她處理失當。

那一晚，她回到辦公室關上門，沒有開燈，坐在椅子上靜靜地流淚。她心裡反覆問自己：「我做錯什麼了？只是我幫得太多了嗎？」

她第一次說出「不」

從那次會議之後，雅雯開始練習拒絕。

第一個轉捩點，是區內一所高中要求她協助規劃下學期的防疫措施整合流程。對方甚至沒等她答應，就在 Email 寫上「彭組長會統一彙整提交版本」。

她回覆得很簡單，但堅定：「這份資料應由各校彙整後由校方上傳，非學務組業務，請依規定程序執行。」

這封信在校務圈裡引起一點波瀾，幾位校長私下討論：「她怎麼最近變這麼硬？」、「是不是壓力太大？」

但也有年輕主任私訊她說：「謝謝妳幫大家劃清責任，我們也比較知道怎麼自理了。」

她知道，這一步很重要。她沒有責怪、沒有指責，只是把該做的、該說的，說清楚了。

拒絕之後，關係其實變更好

原本最常「習慣使喚她」的幾位學校幹部，漸漸開始在聯絡時改用「請問您是否方便協助」，甚至會補一句「若有困難，沒關係我們會想其他辦法」。

她不再是那個「一說就答應」的角色，而是開始被視為「有原則、值得協商」的對象。

她也發現，真正願意合作的人，並不會因為她拒絕而不再互動；反而是那些只在她「好說話」時才靠近她的人，逐漸消失不見。這讓她的工作關係更聚焦、更健康、更省力。

關係要長久，界線要清楚

她開始主動告知同仁：「我可以協助統籌，但內容執行部分需由各校配合填寫，不便代勞。」在對外會議中也會說：「這件事不屬於我權限內的部分，請轉交主責單位處理。」

一次次拒絕，讓她更有空間處理真正需要她解決的問題；一次次明確的「不」，讓她的角色轉變為一個能被信賴的合作者，而不是隨時待命的承擔者。

她說：「我過去最大的錯，是從沒想過自己可以說『不』。我以為幫了人就是善良，現在才懂，拒絕別人，才是保護我能繼續幫助真正需要的人。」

她仍然溫柔，但不再吃悶虧

一年後的教育局年終回顧簡報中，雅雯被點名為「協調能力最佳」主管之一。不是因為她幫最多，而是她讓所有人知道：她會幫，但她也會分清楚什麼該她、什麼該你。

她依然願意協助、願意傾聽、願意伸出手，但那隻手不再無底線地延伸，而是帶著尊嚴與自主性地選擇「誰值得我出手，什麼情況值得我投入。」

她笑著說：「我現在的『不』，讓我每一次的『好』都有價值。」

Chapter 4 ｜

自我定位學：別讓別人定義你

行動綱領表

主題：別人看你怎樣沒那麼重要，

重要的是你自己定義了你是誰

行動目標	對應行為建議	日常練習提醒	請你避免的陷阱
寫下你的角色定義	問自己：「我希望別人如何認識我？我真正想成為怎樣的人？」	寫下三個身分定位：「我是誰、我為什麼值得、我想走去哪裡」	把自己定位綁在他人期待、評價或職稱上
勇敢撕掉舊標籤	把那些你曾被貼上的標籤（例如：乖、穩定牌、工具人）列出，選擇不再接受它們	對外說明：「我現在正在嘗試不同方向／身分／風格」	因害怕質疑而繼續扮演不想演的角色
為自己選場域	挑選一個讓你發光的新舞臺：發表作品、換跑道、建立副業、自媒體等	問自己：「這裡讓我感覺被看見嗎？我喜歡自己在這裡的模樣嗎？」	一直待在讓你失去自信、無法發聲的環境
練習自我介紹	製作你的「三句式自我介紹」，練習在面對新朋友或新合作場合時穩定自我定位	「我目前專注於……」「我正在建立……」「我想成為這樣的人……」	當別人問你是誰時，你只說出職稱或公司名字

行動目標	對應行為建議	日常練習提醒	請你避免的陷阱
別把標籤變身分	看見他人對你的角色期待，但不照單全收，保留自己說「我不只如此」的空間	練習說：「我知道你覺得我適合這樣，但我現在選擇另一種方式」	被讚賞就覺得不能改變，被誤解就以為自己錯了

小提示：

- 自我定位不是一張名片，而是一個主權聲明。
- 不需要讓所有人都理解，只需要讓自己不再迷失在別人的投影裡。

4-1 ｜別人怎麼對你，其實是你教出來的

你的態度，決定別人怎麼對你

很多人在人際關係中常有這樣的抱怨：「為什麼他總是對我沒禮貌？」、「為什麼主管總是對我要求特別多？」、「為什麼他總是對別人寬容，對我嚴厲？」

這些問題背後，有一個我們很少檢視的關鍵：你怎麼對待自己，別人就怎麼對待你；你怎麼對待他人，別人就從中學會如何對你說話、要求與對待。

這不是受害者責備，而是一種人際現實：你教會了他們可以怎麼對你。

你的默許，就是默認

若你從不為自己說話、從不表達不滿、從不反應壓力，周遭的人就會逐漸相信你「沒有界線」。你的沉默，會被視為「可以承擔更多」；你的忍讓，會被解讀為「承受得起」。

舉例來說，當你每次被臨時交付任務都不說什麼，久而久之主管會認為你就是「那個可以幫我善後的人」；當同事總是遲交資料你都自己補上，他們就會認為「晚一點交沒關係，反正你會處理」。

一開始也許你只是想避免衝突，但一旦這樣的互動模式成型，他們會覺得這就是你可以被對待的方式，完全不會意識到他們正在侵犯你。

設定互動的「開場白」，你才有話語權

人際關係的「第一印象」，不僅來自穿著、談吐或專業表現，更來自你一開始怎麼設定相處模式。你給人的是「我是可以直說沒問題的人」，還是「你說什麼我都會點頭的人」？這一開始就決定了你在關係中的權力與影響力。

如果你習慣用「都可以」、「沒關係」、「我沒意見」來面對工作分配、情緒負擔、責任界線，那麼別人就會相信你真的沒有偏好、沒有立場、也不需要考慮。

開場白很關鍵。試著改用：

- 「我可以協助，但我有自己的時間安排，我們能先確認時程嗎？」
- 「我願意配合，但我有幾個點需要先討論。」
- 「我會幫忙，不過希望之後我們能事先講清楚分工。」

這些語句會在潛意識裡讓對方知道：你是一個需要被尊重、需要被確認的人，而不是可以被指使的人。

如果你不教會別人尊重你，就沒人會主動這麼做

沒有人天生懂得怎麼尊重你。他們必須透過你一次次的回應與行為來學會：「原來你不喜歡這樣被說話」、「原來你不接受臨時的要求」、「原來你在意細節與邊界」。

當你開始明確說出你的底線與需求，別人才會開始調整他們的語氣、行動與期望。這並不是讓關係變得緊繃，而是讓關係開始成熟。

你要明白：關係裡不是只有「被喜歡」才重要，「被尊重」更值得你主動去爭取。

溫柔但堅定，是最佳的人際姿態

你不需要用生氣、翻臉、冷暴力來教會別人怎麼對你。你只需要溫柔但堅定地表達自己。這種溝通方式會讓人感受到你不是在拒絕關係，而是在優化互動品質。

例如：

- 「我知道你臨時有狀況，但這樣會讓我這邊也很吃緊，我希望我們下次能提早協調。」
- 「這樣的語氣讓我感到不舒服，我們能不能換一種方式討論？」

- 「我願意配合，但我也希望被視為一個需要空間與尊重的人。」

這些話讓你清楚表達情緒與期待，同時保留關係溝通的彈性。長期下來，對方會學會在面對你時，自動轉換語氣與分寸。

你怎麼教，別人就怎麼學

最後，請記住這句話：別人怎麼對你，其實是你教出來的。

你用每一次的沉默、退讓、不說話在教會對方：「這樣對我沒關係。」你也可以用每一次的反應、澄清與堅持，在教會對方：「我值得被尊重、需要被考慮。」

別指望他人天生會懂你的界線。你必須先站穩，再說話；先畫線，再互動。當你開始主動教別人怎麼對你，你也就開始了自我定位的重建旅程。

4-2 | 你不自重，別人只會變本加厲

自重，是你對世界發出的第一訊號

你怎麼看待自己，就決定了別人怎麼看待你。自重並不是一種驕傲，而是一種穩定的自我價值表現。當你內心知道自己值得、應該被尊重，就不會輕易容許別人對你大小聲、不平等待遇，或讓你處於犧牲式的角色裡。

反之，當你自己都不把自己放在應有的位置，外人就更不會費力把你擺進重要的位置。你沒有主張、沒有反應、沒有界線，在他人眼裡，你的價值就會逐漸被稀釋，甚至消失。

一旦你讓他人「試成」，他們就會「用到底」

在真實關係中，別人會用試探的方式去確認你的容忍邊界。當有人第一次言語冒犯你，你笑笑帶過，對方會心想：「你應該不介意。」接下來，他就會更不避諱；再下來，他可能會在眾人面前重演，因為你「沒有反應」，就是「默認了可以」。

這樣的模式在職場尤為明顯。例如：

- 上司第一次請你加班，你默默接受，之後變成週週都是你；
- 同事第一次推工作給你，你幫了，之後就全都丟給你；
- 客戶第一次講話帶刺，你沒回應，後來變成情緒勒索。

你以為你在忍，其實你是在「教對方可以更放肆」。

你想當和平使者，最後卻變成消耗品

有些人會說：「我只是不想破壞氣氛、不想讓場面難看。」但你要知道，你為了維護短暫的和諧，會賠上長期的自我消耗。

那些你一再忍耐的對象，不會因為你體貼而反省，只會因為你不反應而得寸進尺。你一次次用沉默換來平靜，最後卻發現自己的感受被忽視、地位被忽略、價值被低估。

和平不是不說話，而是說了該說的話後，仍能留下空間。真正成熟的關係，是雙方可以坦誠、可以反應、可以設限。

自重，是你為自己劃定的底線

當你開始自重，你會發現有些話必須說、有些事不能做、有些界線要守住。例如：

- 「我不接受這樣的語氣說話。」
- 「我願意配合，但這樣的分工對我不公平。」
- 「我理解你有壓力，但請不要把情緒轉嫁到我身上。」

這些話語看似強硬，實際上是你在幫對方理解：「你不是好欺負的人」、「我不是一個能被長期忽略感受的人」。

每一次你說出這樣的話，其實都是一次自我認定的行動，讓別人知道你有立場、有分寸，也有尊嚴。

當你學會自重，真正的互動才會發生

很多人誤以為設立界線會讓人際關係變差，但事實恰恰相反。你越是自重，真正重視你的人會越是靠近你。

那些習慣占你便宜的人會慢慢消失，留下來的是懂得尊重的人；那些只想利用你的人會覺得你變難搞，而真正關心你的人會覺得你變更穩、更成熟、更可信。

這是一種篩選，也是一種重整。你不用改變任何人，你只需要改變你「允許什麼、容忍什麼」的標準，世界就會開始用不同的方式回應你。

自重不是高姿態，而是穩住姿態

最後請記得：自重不是把自己抬高，而是不再委屈低頭。

你不需要強硬咄咄逼人，也不需要拋棄溫柔；你只需要在該堅定的時候表明立場，在該說「不」的時候不再猶豫。這樣的你，會開始吸引到真正平等、健康的互動；這樣的你，才真正開始活得清楚、有力、有價值。

4-3 | 你以為是親切，其實你在貶低自己

親切若沒分寸，就變成矮化自己

在職場與人際關係中，「親切」幾乎是所有人都想要營造的形象。你希望別人覺得你友善、好相處、有同理心。於是你習慣笑臉迎人、主動幫忙、不與人爭。但很多時候，你沒察覺的是，你的親切，其實是一種「提前為自己道歉的表現」。

當你習慣性地低姿態、過度客氣、甚至不自覺地自嘲、貶低自己，來換取別人的認同與喜歡，那就不再是親切，而是你在潛意識中削弱自己在關係中的位置。

過度親切，是不敢承擔存在感的表現

你是否有這樣的經驗：

- 明明你準備得很好，發表時卻先說：「我講得不是很好，大家將就聽聽就好。」
- 在聚會中你習慣說：「我沒什麼主見，大家決定就好。」
- 會議中你提案前會說：「這可能很蠢啦，不過我想問看看。」

這些話語看起來謙虛，其實都是在預設自己不夠好、提前迴避他人否定。你越怕自己的聲音被否定，就越會用自我矮化的方式來「降低風險」。但這樣做，會讓別人也開始認為：你的聲音本來就不重要、你自己都沒信心，那為什麼我們要認真聽？

言語中的低姿態，慢慢侵蝕你的價值感

語言是自我定位的投射。如果你長期使用「我沒關係啦」、「都聽你們的就好」、「我也不太清楚，不過亂講一下」，你的潛意識就在傳遞一個訊息：我不是主角，我只是來配合的。

這樣的語言習慣會讓你在他人眼中變得「沒意見」、「沒主張」、「好像隨時都可以被忽略」。即使你內心渴望被尊重、被聽見，別人卻只會根據你表現出來的「自我期待」來回應你——那就是：你不在意，所以我也不在意。

真正的親切，是站得穩，說得清

你可以親切，但不必低聲下氣；你可以友善，但不代表你要讓人誤以為你「沒立場」、「沒能力」、「沒想法」。

真正的親切，不是刻意降低自己來讓對方舒服，而是用平等、穩定、真誠的姿態對待他人。當你表達時是清楚、有

自信、有主張的，別人才能把你當作一個值得傾聽與合作的對象。

你可以這麼做：

- 把「我亂講的啦」改成「這是我觀察到的情況，想聽聽大家的想法。」
- 把「我不太確定啦」改成「這部分我還在釐清，但目前我的看法是……」
- 把「我都可以」改成「我傾向這個選項，當然也可以再討論看看。」

語言不只是溝通工具，它是你給自己「定位」的方式。

不要用自嘲來換取安全感

很多人說話喜歡開自己玩笑、調侃自己是「小咖」、「不重要」、「隨便啦」，認為這樣可以讓場面輕鬆一點。但你要知道，自嘲久了，別人真的會當真——他們會開始覺得你沒有能力、沒有存在感、沒有話語權。

你不需要用貶低自己來化解尷尬，也不需要把自己放得很小才能被接受。你的價值，不需要用謙卑包裝來換取認同。

真正受歡迎的人，是溫和又有分寸的個體

你想讓人舒服，先要讓自己站穩。你想讓人接納，先要讓自己說得出口。那些真正能夠在群體中被尊重與喜歡的人，並不是最「好配合」的人，而是最能明確表達立場，又不踩到別人的人。

當你既不高調，也不卑微，既有親切感，又有自我感，別人就會認定你是「可以相處，也可以尊重」的人。那才是你真正該追求的自我定位。

別讓你的好感，建立在犧牲自己身上

最後請記住：親切不該是以削弱自己為代價。

真正的成熟與自信，是能在不傷害別人自尊的同時，保有自己的尊嚴與存在感。你不需要當那個總是讓人舒服的人，你要當那個讓人不敢隨便對待的人。當你開始改變說話方式、挺起姿態、表達觀點，你會驚訝於 —— 你本來就有分量，只是你太久沒讓它被看見。

案例故事

笑臉下的失衡：從「好說話」到「被尊重」的自我回收
── 王郁婷的話語權修復之路

永遠好說話的專案經理

王郁婷在一家科技行銷公司擔任專案經理，35 歲，是同事口中的「溫柔好相處代表」。她從不與人起衝突，接到額外任務總是微笑點頭，開會時總說：「我的意見比較普通啦，大家的建議應該比較棒。」即使自己的專案被插隊，也總能找出理由說服自己接受：「也許對方比較急」、「我是資深，我多做一點應該的」。

她的 Slack 訊息回覆永遠不超過五分鐘、週末照樣處理檔案、從未對任何部門說過一句「這不是我負責的」。久而久之，她成為公司裡的「萬用協調者」── 但從來不是「意見領導者」。

最讓她難受的，是即使她總是幫大家收尾、跑流程，老闆在會議中卻只記得報告簡報做得好的是設計組；同事總說她「好貼心」，卻從未把她列為決策團隊的核心一員。

親切的代價，是不被當一回事

有一次，設計部急需提案視覺修改，設計師臨時請假，同事問她：「郁婷妳 PPT 排得很整齊，你可以幫忙修一下封面嗎？」

她明明正在準備隔天的客戶簡報，但還是笑著回答：「我試試看，如果做得不夠好再跟我說喔！」

當她半夜 12 點還坐在電腦前、幫別人的封面排版時，內心卻冒出一句沒說出口的話：「為什麼我都變成收尾的人？」

而最諷刺的是，隔天簡報一結束，設計部經理在會議中誇獎：「我們組這次真的拚了，加班都不喊累，尤其某位設計師很有責任感。」沒有人提到她。

她那一刻才猛然發現，自己不是不夠努力，而是努力得太沉默、太無聲，太容易被當成背景角色。

第一次不笑、不接、不答應

某天部門改組，老闆想調她去支援一個高壓但沒升遷空間的「問題專案」，理由是：「郁婷最能協調，也不會情緒化。」

她愣了幾秒，第一次沒有馬上答應，也沒有笑，而是平靜地說：「我願意承擔責任，但這項調動如果沒有合理的晉升規劃與資源配套，我會考慮拒絕。」

老闆有些錯愕，問：「妳不是一直都很願意幫忙？」

她回應：「我願意，但我不該總是第一個被指派風險任務，卻從未被問我要什麼。」

這段話說出口後，她心裡的委屈與壓抑像閘門打開，她第一次感覺：原來，拒絕可以不傷人，但能震盪現狀。

她的語言開始變了

從那次起，她開始學習用更有邊界的語言說話。

她不再開場就說「我不確定，但……」，而是「我的觀察是這樣，建議我們採這方向。」

她不再自我貶低為「小角色」，而是在專案總結時主動說明：「這部分流程由我統籌，包含資料收集與進度追蹤。」

她仍然親切，仍然合作，但不再模糊自己的價值。她的語氣不變柔和，但語言裡多了主體意識。她開始用「我會」、「我建議」、「這是我整理的」等字眼，取代過去的「應該可以啦」、「我只是幫忙一下」。

她改變了別人對她的方式

變化並非一夜發生。但幾個月後，明顯的效果出現了。

新進同事第一次被她說「這不是我的工作範圍，請你依照流程提報」時，表情一愣，但很快回：「好，了解，下次會注意。」

跨部門溝通會議中，老闆第一次對她說：「郁婷，這部分我希望聽聽妳的想法。」

而不是過去：「這應該沒問題吧？郁婷妳最穩。」

她從「能幫忙的人」變成「有意見、有立場的人」。

她後來對朋友說：「我沒變冷淡，只是我學會了，不該用笑容包裝自己不想做的事，也不該用親切消音自己的專業。」

後來的她，依然親切，但更有尊嚴

她沒有變得難搞、不合群、冷漠；她還是一樣會支援同事、關心新人、參加聚會。不同的是，她開始主導分工、主持會議、協調資源；她給出的幫助是選擇性與主動性的，不再是被動承接的雜事堆。

她笑著說：「我以前以為親切可以讓人喜歡我，現在我知道，被尊重，比被喜歡更重要。」

這就是王郁婷的故事：從一句句「我沒意見啦」、「你們比較懂」的親切包裝中走出，走進一個有自重、有分量、有影響力的自己。

Chapter 5 |

別再白做工：努力不是低價義務

行動綱領表

主題：別再白白付出，請你學會讓努力產生對等回報

行動目標	對應行為建議	日常練習提醒	請你避免的陷阱
為你的付出定價	不論是時間、專業或體力，思考「這件事值多少？我應該收到什麼？」	寫下最近三次未獲合理回報的付出，分析原因，重新設立底線	為了人情、關係或怕被討厭，一直「自願幫到底」
說明價值，而不是道歉	接案、加班或合作時，用「這是我經驗的累積」取代「我只是幫忙啦」	練習說出：「這件事我投入了多少時間／能力，所以我期望……」	用「沒關係啦、我也只是順手」否定自己的努力
停止無償性內耗	判斷哪些事情是長期消耗型好意（總是補位、幫人擦屁股、收爛攤），逐步停止	問自己：「這件事我做得甘願嗎？還是我只是習慣當那個補位的人？」	明明已經不想做了，卻又自己扛下所有後果
為自己爭回貢獻感	在專案、會議、合作中，適時標記自己的貢獻（主動提報、列名、提案時自我簡述）	練習表達：「這一段是我處理的，歡迎給建議／我也有想法」	默默做完所有事，卻讓成果被他人搶走

行動目標	對應行為建議	日常練習提醒	請你避免的陷阱
把努力花在值得的地方	檢視你目前投注最多心力的三件事，是否與你的長期目標有關	問自己：「我現在做的事，是在投資未來，還是在補別人的洞？」	忙得很累卻原地踏步，因為你把力氣都花在不該扛的地方

小提示：

- 勤勞不是價值的代名詞，有系統、有邊界的努力，才會產生價值。
- 你不是不能幫忙，但幫忙不能成為你價值被低估的原因。

5-1 ｜別讓你的努力，成為別人理所當然的收穫

當努力變成「不值錢」，是誰默許的？

你是否曾經努力完成一份工作，卻發現成果被歸功給別人？你是否熬夜完成簡報、整理數據、打理細節，卻在最終匯報中聽到的是：「感謝團隊合作，特別是 ×× 部門的支援」—— 而你，甚至連名字都沒出現？

這樣的情況在職場與合作關係中比比皆是。而最令人心寒的不是沒拿到功勞，而是別人壓根沒覺得你該被提起 —— 你的努力，早已被視為理所當然。

「他本來就做得多」是一種慢性掠奪

當你一次次在無人要求下主動補位，別人便會把這個行為寫入你的人設；當你總是在 deadline 前幾小時還在細修表格、改漏字、幫人補資料，久而久之，你的存在變成一種便利性，而不是貢獻性。

這種「你一向如此」的既定印象，其實是對你努力最殘酷的消化與掠奪。因為你從不表達成本、不標示貢獻、不主動對齊功勞分配，別人就會默認：這就是你該做的。

努力如果不被辨識，就等同無效；貢獻如果不被點名，就等於沒存在過。

你不說，別人只會當作你不在意

我們常以為「努力讓人看見」會讓自己顯得愛出風頭，於是選擇低調，甚至為了不讓人覺得我們搶功，而選擇主動沉默、默默吃虧。但這樣的「謙虛」，長期下來會養出一個錯誤認知：你不介意，所以你不需要。

尤其在競爭型或成果導向明確的職場中，不主張自己的努力＝自願讓渡話語權與認同資源。

與其抱怨自己總是被忽略，不如問問自己：你什麼時候主動說過「這是我負責的」？你有沒有試圖為自己的貢獻爭取合理曝光？

努力要被看見，你要學會標示成果

你不需要誇大，但你必須清楚標示自己的投入與產出。這不是爭功，而是做出責任與價值的對齊。例如：

- 在匯報中說明：「這份資料由我負責彙整，感謝設計組協助視覺部分。」
- 專案會議結束後寄信說：「附件為我統整的進度報告，供各組參考。」

- 客戶專案交付後明確說：「本次由我與行銷組合作，期望下一階段由我持續跟進。」

這些話語不僅讓你被看見，更是在潛意識中教會他人：你的努力，有名有姓、有流程、有價值。

過度配合，其實是一種反向消耗

當你總是說：「我來就好」、「我多做一點沒關係」、「不用提我啦，反正是大家的功勞」，你不是在展現團隊精神，而是在默默消耗自己在團隊中的定位。

當別人習慣性地把你當成最後的保險絲與備胎時，他們其實不再尊重你，而只是仰賴你。這不是一種平等的合作關係，而是一種被「好用形象」限制的角色錯位。

你幫大家把關流程、補漏洞、撿殘局，如果你不為這一切賦名、說明、標記，那它終將成為別人簡報中的「其他人支援」。

被看見的努力，才有轉化的價值

你要的是什麼？只是付出嗎？還是希望有晉升、有被信任、有發展空間？如果你希望被認可、被提拔、被賦予更多機會，那麼你的努力就必須可見、可追溯、可被量化。

努力不是秘密任務，它應該是一份清楚呈現的工作軌跡。當你開始主動匯報、註記成果、對齊回饋，你就從「執行角色」晉升為「價值輸出者」。

成果必須屬名，能力才會被累積

在工作與生活中，每一次你選擇「不爭功」，其實就是一次放棄「能力可見性」的機會。

你可以協助別人，但不要讓你的協助變成「別人升官的基石」；你可以補位，但不能讓補位變成「你不該被獎賞的證據」。努力，是可以大方承認的事；貢獻，是可以溫柔爭取的權益。

讓自己的努力留下痕跡，才能讓能力被看見、被記得、被轉化為更高層次的價值交換。

你值得讓努力有聲音、有空間、有尊嚴

最後請記得：你的努力，不是義務，不是默默做就好，更不是別人可以免費取得的資源。

你的付出，需要被尊重；你的能力，需要被定義；你的時間，需要被合理換算成應得的回報。而這一切，從你願不願意站出來說：「這是我做的。」開始。

努力值得被看見，因為那是你人生在這個世界上，具體存在的證明。

5-2 ｜你不說話，升遷的永遠不是你

努力沒聲音，就沒影響力

我們從小被教導「沉默是金」、「做人低調」、「有實力不必講」，但到了職場你會發現 —— 你再努力，如果沒說話，就等於不存在。

你完成最多任務、解最多難題，但在會議中保持沉默、不表達成果、不參與討論，別人只會記得那些「發言多、出現感強」的人。這不是不公平，而是現實。

職場是個資訊競技場，如果你不主動讓他人知道你的貢獻、想法與價值，你的能力就會被埋在桌子底下。久而久之，你變成「最熟悉的陌生人」，努力被視為理所當然，晉升名單永遠沒你。

升遷不是選最會做事的，是選最能被看見的

在組織內部運作裡，升遷與職位調動從來不是純粹以「做事多少」為依據，而是根據「影響力」與「決策力」來分配。

影響力從哪裡來？不是只是你默默完成工作，而是你讓別人知道你完成了什麼、如何完成、能不能教別人也做到。

如果你什麼都不講、不寫、不分享、不主動表達意見，那麼在別人眼中你就是「執行力很強」，但不是「領導力顯著」。領導力不只來自能力，更來自表達與參與。

沉默不是穩重，是自我邊緣化

許多人誤把沉默等於成熟，其實長期沉默代表的是「不參與、不投入、不挑戰」。你害怕表達，害怕犯錯，害怕被批評，於是選擇什麼都不說，但你同時也錯過了每一次讓自己被看見的機會。

當主管要提拔對象時，他們會選擇誰？是那個會提問題、主動協調、勇於負責的人，不是那個「從來沒惹事、但也從沒發言」的角色。

別人不提拔你，並不是你不夠好，而是你太安靜、太無聲、太「透明」。

不說話，是一種錯過機會的方式

如果你是這樣的人：

- 有建議卻不講，怕「說了被反駁」；
- 有成果卻不提，怕「被說搶功」；
- 有想法卻壓抑，怕「別人不認同」；

你其實不是在「謙虛」，你是在錯過讓自己走上下一步的所有可能。

你要知道，每一次發言、提問、表達立場，都是一種在組織中「定義你是誰」的動作。如果你不說話，那就會由別人來定義你：你只是工具人、只會執行、沒有戰略思維、無法獨當一面。

學會說話，不等於變得浮誇

許多人害怕「說話太多會讓人反感」，但問題不在於你說得多不多，而在於你說的有沒有邏輯、有沒有立場、有沒有貢獻價值。

你可以這樣開口：

- 「我在處理這段資料時，發現一個可能影響進度的風險點，我建議我們可以預做處理。」
- 「這次的提案架構由我主導，感謝團隊協助調整，我願意接續進行第二階段規劃。」
- 「我對這個策略有個補充觀點，從行銷面可能還需要增加轉換率設計。」

這些話都不是浮誇，也不是炫耀，而是讓別人知道你參與了什麼、思考了什麼、可以扛什麼。

你不開口，永遠輪不到你當主角

你可以努力，但不能靜音。你可以謙遜，但不能消音。當你不說話，沒有人知道你在做什麼、你想什麼、你能什麼。

你在一次次的沉默中，讓位給了更會說話的人；在一次次的「沒事」中，主動退出了晉升評估的視野。你不是不夠強，是你太安靜。

說話，不是為了成為焦點，而是為了不被邊緣。

被聽見，才有可能被選中

最後請記得：升遷不是抽籤，是表達權的競技。你要讓別人聽見你的聲音，理解你的價值，知道你能承擔什麼、提供什麼，才會把你納入下一步的選擇。

別再用「我沒意見」當成安全牌，別再用「我只是執行」當作保命符。你要讓大家知道：你有話要說，你說得出來，你說得有道理——那你，就準備好了晉升。

5-3 ｜你以為的低調，其實只是讓自己消失在局裡

低調本身沒錯，但你得先有「聲音」可以低調

很多人把「低調做人」當作處世圭臬，深怕自己太顯眼會樹敵、太活躍會被攻擊，於是選擇隱身在各種會議、專案與討論之後。「我只是輔助角色啦」、「我沒什麼想法，照大家的就好」成了他們慣用的口頭禪。

但你要知道，真正有影響力的人，可以選擇低調，是因為他們先已經有聲音、有角色、有貢獻。你如果還沒讓人知道你是誰、會什麼、做了什麼，就急著收斂，就不是低調，是提早退出存在感的戰場。

太快退出聚光燈，你永遠進不了核心圈

在每一次會議中、專案規劃時、升遷考量前，總有一群人會被第一時間想到，他們不見得做最多事，但他們有發言、有參與、有意見、有名字。而你呢？

你可能做得很多，但永遠是「背景功臣」；你參與了全程，卻沒留下任何一句代表你的聲音；你跟每個部門都合作過，卻沒人記得你說過什麼。

這不是你不夠好，而是你讓自己的形象永遠隱在檯面下。你不是低調，你是被動選擇當「沒存在感的人」。

你想當幕後，其實是被趕出舞臺

有些人說：「我不喜歡搶風頭，我適合幕後。」這句話沒錯，但你要確認——你是真的選擇站後面，還是根本沒進到舞臺上？

你是否在團隊中從未出現在發言摘要？是否專案成功時從未有人標記你？是否工作做完後從未整理成果回報？如果是，那你不是幕後英雄，你是「被系統性忽略的角色」。

你不能靠別人幫你補位，必須自己練習在對的時機、用對的方式，提出你的觀點與貢獻。這不是出風頭，是讓自己「不被遺漏」。

真正的低調，是掌握局勢卻不高調喧鬧

你要的不是走到哪都喧賓奪主，而是能在重要時刻出聲、必要時做決定、適當時提出判斷。這才是真正具備存在感的「低調」。

具備這種低調的人，通常會：

- 明確表達成果，但不過度包裝；
- 參與關鍵會議，但讓數據與邏輯說話；

- 在該堅持時不退讓，在該配合時不吞聲；
- 重視他人貢獻，但不隱藏自己角色。

這樣的人，才是真正「有實力、有分寸、有角色」的低調，而不是從頭到尾都當觀眾的透明人。

低調不是退場，而是能量的蓄積與輸出

你不需要每天發言、事事爭功，但你必須讓人知道：你一直都在，而且你有貢獻。

- 你可以用文字建立存在感——會議後整理筆記、提案後彙整要點；
- 你可以用提問創造記憶點——不是反對，而是「我有一個補充方向是否可行」；
- 你可以用協調建立價值——不是默默配合，而是主動說明「我已經處理完的部分」與「接下來能怎麼支援」。

這些方式都不是浮誇，而是讓你逐步從「可有可無」變成「不可忽視」。

讓自己可辨識，才有機會被拉上牌桌

你不該一直等別人看見你、點名你、推舉你，因為在資源有限、位置競爭激烈的現實裡，機會從來不是給「最努力

的人」，而是給「最容易被想到的人」。

當你始終不說話、始終低姿態、始終選擇「看起來和善但沒有立場」，那麼久而久之，連你自己都會忘記：你本來也可以是發言者、提案者、決策者。

低調不是你的問題，但不讓自己出現在「局裡」，那就是你最大的損失。

沉穩不等於沉默，謙虛也不代表消失

最後請記得：真正的低調，是掌握情勢而不喧嘩；真正的實力，是讓你能選擇何時發聲、而不是永遠無聲。

你要被聽見，你要被記得，你要有代表作、有回報、有對應價值。你可以不耀眼，但你不能被遺忘；你可以不站 C 位，但你要在場、有聲、有角色。

你的價值，必須自己定義，別再把沉默當作美德，把退縮當作成熟。讓自己回到局裡，才能真正掌握下一步。

案例故事

從「透明人」到決策圈的逆襲之路
—— 林育成的存在感重建計畫

職場裡的「無聲主力」

林育成在一家大型科技顧問公司擔任資深分析師，進公司七年，一直是同儕與主管眼中的「穩定牌」。專案交給他，不用擔心延誤；報表給他處理，總是清楚又有邏輯。只要有人要補洞、要熬夜、要出差，他總是第一個被找，也總是默默點頭接下。

他的電腦桌面整齊、文件命名有系統、代碼永遠無錯。唯一的問題是 —— 沒有人真正記得他的貢獻。

在歷年的績效會議中，育成總是被列為「執行力強」但「領導潛力尚待觀察」；在部門晉升名單中，他永遠排在那些表現比較高調、發言比較積極的同事之後。

即便他內心多次懷疑：「為什麼我做得比他多，卻輪不到我？」但下一秒，他還是會告訴自己：「沒關係，低調做事就好。」

他不知道的是 —— 這樣的「沒關係」，其實早就讓他在體制中默默消失。

從「被交代」到「被消耗」

某次跨部門整合會議中，育成負責整理客戶三年來的全產品資料應用動線，這是一個細緻、複雜、沒有人想碰的案子。他花了兩週每天加班，把各種資料整併為一套邏輯框架，交給策略部製作簡報。

正式簡報那天，他被排在最後排，沒上臺。臺上簡報的是策略總監，講到他設計的架構時，用了「根據資料團隊的資訊，我們做了初步整合」一句話帶過。

他回到辦公桌上，一言不發，打開 Outlook 開始回信。但那天，他第一次覺得心裡不是「平靜地做事」，而是不甘心地被忽略。

他開始意識到：不是別人不看見，而是他從來沒讓人知道是他做的。

轉捩點：他決定「讓人知道是我」

隔天早上，他破天荒地寄了一封內部信件，主旨是〈客戶資料整併邏輯補充備份〉，內容簡短清晰，三段文字：

- 第一段說明整合依據與分類邏輯，
- 第二段明確寫出「由我負責資料整併與邏輯建構」，
- 第三段感謝策略部協助視覺化簡報，並附上圖表來源連結。

這封信被意外轉寄到部門主管手中，並在下一場 PM 例會中被引用。

育成沒有炫耀，也沒有挑釁，只是平靜而準確地標示了自己的貢獻。這是他第一次學會，不需要搶舞臺，但必須存在於紀錄裡。

開始發聲的他，創造了第二種存在感

接下來幾週，他做了一連串微調：

- 每一次會議，他不再只是聽，也開始提問（「我有個觀察」成為他的標語）；
- 每一次專案，他不再只做技術處理，也會主動寫下決策建議；
- 每一次簡報，他不再只交稿，而是附上一句：「我建議的呈現邏輯是……」

同事們起初不習慣：「育成最近講話變多耶？」、「他以前不是都照做嗎？」但很快，大家開始發現 —— 他的聲音值得被聽見，因為他背後有數據、有觀察、有實務邏輯。

他沒改變個性，依然內斂，但他不再內縮。他不是搶話，而是進入對話。

從「支援者」變成「被諮詢者」

幾個月後，公司開始籌組一個跨國案的預備小組。主管破天荒主動來找他：「這案子需要一位熟悉客戶歷程邏輯、能協助建立指標體系的人。我覺得你最合適。」

育成一邊聽，一邊點頭，心裡卻知道 —— 這不是運氣，也不是補償，而是他開始讓別人知道「他可以被信任，因為他能清楚地讓別人看見他的價值」。

他進入小組、進入提案、進入決策流程，第一次成為不是「執行幹員」，而是「方向建議者」。

這一步，他走了七年；但真正翻轉局勢的，是過去那三個月裡他選擇不再沉默。

「讓人看見」，是一種負責任的態度

現在的林育成，仍然是那個內斂、有耐心、不炫技的工程師。但不同的是，他會在每次專案開始時說：「我這次會主責架構與邏輯，其他夥伴可以根據這流程分工。」

他會在例會後寄出自己的筆記附注：「我這邊記錄了會議中的三個行動建議，我們下週跟進進度。」

他會在部門回顧簡報中說：「這半年我參與三個跨部門案子，分別負責邏輯建置與客戶指標整理，希望下階段能轉型成流程顧問角色。」

這不是驕傲，而是不再讓努力隱形，不再讓價值蒸發的職場宣言。

低調不等於無聲，有聲才有位

他後來對一位剛進團隊的新人說：

「你可以不搶，但不能不在場；你可以不吵，但不能沒聲音。你不讓別人看見你，你就得習慣永遠只站在邊線上。這不是犧牲，而是退場。」

這句話，是他在職場七年摸索後，留給自己最重要的領悟。

Chapter 6

從投入到結果：別再誤會努力會說話

行動綱領表

主題：努力不會自己說話，成果才是最好發言人

行動目標	對應行為建議	日常練習提醒	請你避免的陷阱
設定成果導向目標	把「我很努力」轉為「我要完成什麼」的明確指標，例如完成分量、時間、回饋數等	練習設定：「我本週的成果是完成 ___，不是只是持續很努力」	一直忙、一直累，但做完之後沒產出、沒紀錄
拆解可衡量的任務	將大目標分解為可檢視的步驟（如：提案、簡報、行銷、作品、投稿等）	問自己：「這個任務能不能交出去？能不能被看見或驗證？」	做了很多看起來像前進的事，實際上原地繞圈
把過程轉為成果證明	拍照記錄、寫筆記、整理投影片，讓努力變成可被引用、呈現的形式	每完成一段任務就問：「這段努力如何對外呈現或提報？」	做完後不整理、不記錄，時間久了甚至忘了自己做過什麼
勇敢主動遞交成果	主動回報進度、提供更新、或向主管／合作對象展示你已完成的內容	練習說出：「這是我這週完成的專案，我整理成這個版本」	不敢展示、不敢交件，只會說：「我有做啦」

行動目標	對應行為建議	日常練習提醒	請你避免的陷阱
避免陷入「忙感假象」	每週檢查你的努力是否真的有對應成果，而非純粹的消耗或感覺有做事	寫下：「我做了什麼」＋「實際完成什麼」作對比	一直說「我很努力」，卻沒有明確成績單

小提示：

- 努力是你的內燃力，成果才是你對外的履歷。
- 不是你不夠努力，而是你太相信努力自然會被看到——現實不會這麼體貼。

6-1 ｜沒人真的看你多努力，大家只在乎你帶來什麼結果

職場不是比誰累，是比誰有效

這是一個殘酷卻真實的現實：你可以每天加班、處理十份任務、壓力爆表、凌晨還在看簡報，但如果你無法產出明確成果、無法解決問題、無法創造價值，那這一切努力，在多數人眼裡 —— 都只是「很認真，但沒用」。

在現代組織裡，衡量貢獻的單位不是「你多辛苦」，而是「你讓事情前進了多少」。無論是專案交付、目標達成、數字轉換、效率提升，還是團隊穩定，你的「努力」，唯有轉化為「結果」，才能構成你存在的必要性。

沒人會爲你熬夜鼓掌，只會問「做完了嗎？」

我們常以為別人會因為看見我們的辛苦而對我們加分，但真實的工作現場，更多的是這樣的場景：

- 你說：「我昨天熬夜趕這個提案，真的花很多時間整理。」
- 回答卻是：「所以現在定稿了嗎？」

- 你說：「我試了很多方向，真的不容易處理。」
- 回答卻是：「那目前有什麼解法了？」

你以為你在爭取體諒，對方卻在等你交出答案。這不是冷漠，而是現代專業場域裡的規則：辛苦不代表貢獻，完成才算實力。

努力不該藏在心裡，而是呈現在成果裡

你當然可以很努力，但請確保你的努力方向正確，並且產出可以被評估、被呈現、被複製的結果。否則，你只是陷入「苦勞陷阱」—— 做得很多，但沒人知道你完成什麼、貢獻什麼、帶來什麼。

換句話說：

- 與其告訴主管你有多累，不如展示你清楚整理了哪些問題與解法；
- 與其抱怨任務繁瑣，不如提出優化流程的具體建議；
- 與其默默做完十件瑣事，不如讓大家知道你如何讓進度從混亂變有序。

這不是愛現，而是職場生存的基本邏輯：你得讓別人看見你完成了什麼，而不是你承受了多少。

感動自己無效，要感動決策者才有用

許多人的努力，其實只感動了自己。熬夜加班、備案三份、做筆記做到凌晨三點，但從沒讓團隊、主管、客戶真正感受到「你帶來的效益」，這樣的努力，不但無法兌現為肯定，甚至可能被視為效率低落。

組織不會依據「感動指數」來分配資源與晉升，而是依據成果指標、決策參與、輸出貢獻來定義角色價值。

你感動自己無效，你得感動的，是那些真正能改變你命運的人 —— 主管、合夥人、用人決策者。他們要的是能解題、能撐局、能交付的夥伴，而不是「永遠很努力卻總差一步」的人。

努力可以不說話，結果會替你說話

你不一定要高調，但你的成果必須清楚、有型、有證據。也許你不擅長口才，但你可以讓報表說話、讓流程優化說話、讓客戶回饋說話、讓數據成績說話。

努力的聲音有很多種形式，但它不能只留在你自己知道的內心戲裡。當別人問：「這段時間你做了什麼？」你能不能不用長篇敘述，只用幾句話就讓對方理解你值不值得信任與依賴？

- 「我優化了交付流程，從七天縮短為三天。」
- 「我把原本雜亂的資料做成系統化知識庫。」
- 「我設計了一個提問架構，讓新人訓練時間從三週變一週。」

這些才是努力的語言版本。

努力當然重要，但請把它變得有「兌現力」

努力不是無效的，但你要學會把它兌換成現實價值。這包括：

- 轉化成有影響力的行動成果（不是只有「我很認真做」）
- 能夠追蹤與度量的結果數據（不是只有「我都盡力了」）
- 能被人記得與複述的成就句型（不是只有「我也有貢獻」）

努力是起點，但你需要的是終點。你要的不是「認真員工獎」，你要的是「戰略位置」、「決策資格」、「資源主導權」。

結果不是冷血，是專業的標準

最後請記得：結果不是無情的評分制度，而是讓專業變得有價值、有力量、有話語權的基礎。

別再一邊流汗一邊說沒關係，別再把做不出來合理化成「但我很努力」。你值得被肯定，但你必須讓你的努力可見、可衡量、可證明。那是你能不能前進的關鍵分水嶺。

6-2 ｜別再當只能「執行」的人，學會輸出影響力才有價值

執行力強，不代表你就有價值地位

你也許是團隊裡最勤奮、最可靠、最「說一就做一」的人。只要任務交到你手上，從來不會落地失誤。但幾年下來，你會發現 —— 你總是執行的那個，卻不是設計方向的人；你總是負責實作的那個，卻從未進入決策桌。

你被定位為「很好用」，但不是「不可或缺」。

而關鍵差距在於 —— 你只在執行事情，沒有輸出影響力。

什麼是「影響力」？不是大聲，是有能力讓事情走向你提的方向

影響力不是你會講話、善於交際、能搶麥克風，而是你能讓別人接受你的觀點、參照你的作法、採納你的建議。影響力來自三個來源：

- 清晰可實踐的觀點與見解
- 能推動別人行動的邏輯與信任感
- 在團隊中累積的合作經驗與成果口碑

執行者負責把事情做完；而有影響力的人，負責讓事情往對的方向前進，這是你從「技術工」走向「引導者」的關鍵。

爲什麼只會做，還不夠？

因為只會做，你只是資源；但會影響，你才是資源的調配者、整合者、驅動者。這樣的人，在組織裡的價值遠高於純執行角色。

- 客戶不只要看你交件，他也會在意：「你能不能幫我預測風險？」
- 上司不只要你執行 KPI，他更在意：「你是否能提出新方向？」
- 同事不只希望你把任務做完，也會問：「這件事有更好的做法嗎？」

你不是不能只做事，但你不能永遠只做事。

執行者與影響者的關鍵差距：你有沒有輸出你的「腦」

很多人其實不缺能力，而是不習慣把自己的思考說出來、寫出來、用出來。當你一直默默做事，別人只看見你「完成度」高，卻不會知道你具備「思考力」與「引導力」。

想從執行者升級，你得學會：

- 在專案初期，提出可行性評估與提醒風險
- 在流程中，記錄哪些關卡效率低落，主動提出優化建議
- 在結案後，寫下心得報告、彙整 SOP、整理可複製模式

這些行為不是加班，而是從工具人變成參考點的跳板。

如何輸出你的影響力？從這三件事開始

- 主動建立框架：別等別人分配任務，你可以說：「我建議我們先拆解流程成三段，這樣分工會更有效率。」
- 建立個人方法論：把你做事的流程寫下來、命名、簡化，這不只幫助別人，也讓你的知識具體化，能被看見。
- 發表觀點而不是只是報告結果：報告說：「我們這週完成了五件事」不夠，應該說：「我們觀察到流程卡關的點在哪，建議下週這樣調整。」

這些行動會讓別人開始以你為依據，而非只把你當做代工人員。

影響力來自「讓別人願意聽你說」

這世代最稀缺的能力，是讓人願意花時間聽你說話、採納你觀點。當你開始不只是交件，而是提供方向；不只是填表，而是改善流程；不只是做完，而是能帶人做，你就成為團隊中少數可以發動變化的人。

而這樣的人，才是組織願意投資的對象。

別再藏在執行背後，出來影響局勢

你不需要變成嘴巴最利的人，但你必須成為「說出重點」的人；你不需要做最多，但你必須讓你的貢獻成為「可擴散」的成果。別再說「我只會做事」，你要練習變成那個能讓事情因你而推進、因你而更有效率、因你而有新可能的人。

執行沒錯，但別被執行框住你的可能性

最後請記住：你不會因為做得多而被提拔，你會因為「讓別人做得更好」而被提升。

你是把東西做完的人？還是讓整件事變得更好、更快、更有效的人？這中間差的不是努力量，而是影響力。

讓自己從執行邊緣，走向決策核心，從現在開始：輸出你的見解，輸出你的方法，輸出你的存在感。

6-3｜真正有價值的人，不只交付任務，而是創造意義

任務交付，是底線；創造意義，才是升級

在多數工作場合，「能完成交辦任務」是一種基本能力，但也只是一種可被替代的能力。只要流程標準化、指令明確化，任何人都可以複製一樣的結果。

真正具備長期價值的人，是那些不只問「怎麼做」，更會問：「為什麼做這個？」、「這個做法有沒有更好？」、「這項任務與整體目標的關係是什麼？」

他們懂得在任務中發現意義，進而主動優化、補足缺口、延伸價值。這種人，不只是執行者，而是整體機制的進化者。

「交差」和「進化」之間，差了一層主動意識

當你拿到任務，若只是「照做」，即使完成，也只能證明你「聽得懂話、動得了手」；但如果你能進一步提出：「這樣做會不會更快？這樣說會不會更清楚？這樣排程會不會更順？」那麼你就不再只是接受任務，而是參與了任務的再定義。

例如：

- 拿到一份活動文案，不只是照著寫，而是主動分析使用者痛點，提出不同語氣測試版本；
- 被指派聯絡合作單位，不只傳訊息，而是提出聯絡流程標準表，供日後同仁使用；
- 負責教育訓練，不只照講稿講，而是整理學員意見，回饋到教材設計中。

這種人，會在系統中留下貢獻軌跡，而不是只是完成指令然後消失。

不只完成工作，更要讓它「變得更有價值」

當你每完成一項任務，就想著：「這能不能留下可用資源？」、「我有沒有替下一個人省下時間？」、「能不能讓這變成團隊知識的一部分？」—— 你就從「做事的人」變成「讓事變好的人」。

公司真正要留住的，從來不是每件事都做完的人，而是會替團隊省資源、放大結果、累積系統價值的人。

你要讓自己的存在帶來持續效益，而不是做完就歸零。

你創造的，不只是產品，而是信任與依賴

當你每次都不只是「照做」，而是提供附加思維、額外分析、延伸洞見，別人會開始記住你不是只是「可交付」，而是「可信賴」。

- 「這項需求給他，不用再盯。」
- 「他會主動想後續應對方案。」
- 「我們缺方法的時候他有輸出，不只是完成。」

這些評價，不會出現在績效表格裡，卻會決定你是不是被主動納入關鍵圈層的那個人。

真正有價值的人，是系統中的思考者與改進者

請問自己：你每天在忙的，是「反覆發生的雜務」，還是「能讓明天更順的系統調整」？

你可以選擇只是完成，但你也可以選擇在每一項任務後問自己：

- 「這件事如果重來，我可以讓它更快嗎？」
- 「這項流程有沒有哪裡可以被機械化、簡化？」
- 「我能不能把這經驗轉為 SOP 或參考範例？」

這些問題，會把你從執行機器，轉型為知識系統建立者、流程優化者、價值輸出者。

被信任的不是手，是腦

最後請記得：真正有價值的人，不是多能幹，而是能讓團隊、任務與目標整體提升。

你能夠提出觀點、建議優化、留下資源，你就會成為團隊裡「讓人依賴、能夠轉型、可以帶得動別人」的人。而這種人，永遠不會被簡單取代。

所以，不要只想著「把事情做完」，你要問：「這件事，經過我之手，能不能變得更有價值？」

案例故事

從「任務承包者」變成「影響創造者」
── 產品經理林睿軒的轉型故事

永遠在報表裡，卻永遠不在會議裡

林睿軒，在一家科技新創公司擔任產品經理第四年。主管們總評價他：「穩定、有邏輯、配合度高。」同事也說他「溝通好、沒脾氣、好說話」。

他負責兩條產品線，每次迭代都能準時交付、規格細節嚴謹、團隊合作順暢。他幾乎就是組織裡「任務穩交代表」。

但，他從來沒有被拉進策略規劃小組；客戶大型需求盤點時，沒有他的參與；產品方向修正與資源配置的第一輪討論，從來沒人來問他意見。

每次結案會議，他的角色不是主講人，而是最後被提到一句：「感謝林 PM 的配合。」

那天會後，他坐在位置上看著簡報封面，心裡冒出一句話：「我做的，不少啊。但好像，我沒留下什麼痕跡。」

辛苦不是價值，輸出才是

起初他也覺得：「反正我只要做好份內工作就好。」直到有一次，他加班到半夜處理一個高優先等級的回饋彙整，細到一頁頁分析使用者回報類型與使用場景，但那份資料最後被包進總簡報中，只留下一句「依據用戶回饋」。

簡報裡沒有註明這是他整理的，會議中沒有人提到這段彙整耗時十多個小時。他愣住了，那一刻他才真正明白：再努力，如果不被呈現，就等於沒做過。

那一晚，他在記事本寫下幾句話：

「我不能再只交東西，我要開始說清楚我是怎麼想的。

我做了什麼，不只是誰交辦的，也要知道是我完成的。」

從「我做完了」到「這是我的觀察與建議」

隔天開始，他做了第一個小改變：

- 在交付資料時，不只附上 EXCEL，而是在文件開頭寫下三點觀察與初步判讀；
- 每次會議後，主動寫簡要結論＋「我這邊的建議是…」的備注寄給核心團隊；
- 結案報告上，標注自己整理的段落：「以下為我處理的範圍，包含使用者分類邏輯與指標搭配說明。」

他沒有說「功勞都是我」，也沒有硬爭什麼位置，而是開始讓他的思考與成果，有名字、有位置、有脈絡。

開口的人，才有被選進圈內的可能

幾次之後，他發現一個重要變化：團隊開始在會議上回頭問他：

- 「睿軒你當初怎麼看這組指標的？」
- 「這個架構是你整理的吧？你覺得這批新資料要怎麼放進去？」
- 「你上次提的轉換漏斗框架，我們下版要不要一起試試？」

他從沒多話，但這次，不再只是回應，而是主動提出：

「我整理的這組行為路徑，可能會對新功能測試更有預測力，我畫一版 demo 架構，大家看看要不要一起搭配調整。」

這句話被寫進下次產品優化文件，他第一次被放入決策附議名單，不再只是執行者，而是提出方向的那個人。

不只是完成任務，更是創造資源的人

幾個月後，他再次主動整理了一份「需求進化版本對照表」，記錄每次迭代是如何從客戶需求進行轉換與簡化，這份文件後來被新進團隊作為培訓參考用，並被 PM 主管在季度簡報裡點名：「這種文件能幫助我們團隊節省很多轉述成本，也讓知識留下來。」

他在日誌中寫下：

「原來讓事情被看見、被理解、被複製，才是真的讓努力變成資產。不然我每天忙，過完就是又歸零。」

他不再只是「那個執行得很穩的人」，而是那個能把任務做出框架、做出意義的人。

從「交差」到「創造影響」，他只做對了一件事

不是變得外向，不是發言變多，不是去搶功勞。他只是從「任務結束」的心態，變成「這項任務我怎麼讓它有後續價值」的意識。

- 做完資料整理，他不止於交付，而是標記適用情境與後續建議；
- 結案後，他不只存檔，而是建立模組化結構供後人使用；
- 面對任務，他不再只問「要做什麼」，而是先問：「做這件事，是為了什麼？」

他輸出的，不只是執行力，而是思考力、預判力、流程力，這三件事合起來，就是他從可被替代，轉為被依賴的關鍵能力。

努力會被忽略，影響力才會被記住

林睿軒後來被升為資深 PM，他笑著對新加入的產品助理說：

「你做得好沒人知道，是你沒讓人知道。你講得出你為什麼這樣做、做了會得到什麼，別人才會記得你。」

他接著說：

「完成工作只是基本，你要讓那份努力，變成被看見、被引用、被信任的力量。這樣你就不是做事的人，是讓事有結果的人。」

這就是他，從執行主力變成價值輸出者的轉身。

Chapter 7

情緒戰力：如何掌控局面而不被情緒擊潰

行動綱領表

主題：真正的強者，不是沒情緒，而是有能力駕馭情緒

行動目標	對應行為建議	日常練習提醒	請你避免的陷阱
鍛鍊情緒辨識力	把「我現在很煩」細分成：焦慮、委屈、羞辱、恐懼、疲累等，學會叫出情緒的真名	寫下：「我現在的情緒是________，它來自於________」	一股腦說「我很不爽」，卻沒搞清楚根源
暫停反應，先穩定自己	情緒來時先停 3 秒，練習深呼吸或短寫，再決定要不要說、怎麼說	練習用過渡語句：「我先整理一下情緒，晚點再回你」	在激動當下立即回擊、打字、發話，事後後悔收不回
設立「情緒安全出口」	建立個人冷靜儀式，如短寫、走動、靜坐、語音釋放，用來應對高壓現場	每週評估一次哪些方法讓你冷靜最快，持續調整最有效儀式	靠壓抑或忍耐「硬撐到底」，結果爆炸傷到自己或關係
情緒出現≠表現失控	練習說：「我有情緒，但我能處理，不等於我現在要爆炸」	對自己說：「我可以有情緒，但我選擇用行動來表達我在意的事」	一被誤解就覺得要立刻翻桌，否則就沒立場

行動目標	對應行為建議	日常練習提醒	請你避免的陷阱
建立「衝突處理腳本」	為高風險場景準備溝通句型（如：被冒犯、被忽略、被壓榨時的回應方式）	寫下：「下次被冒犯時我想這樣說……」並練習幾次	衝突當下說不出話，事後越想越氣，陷入內耗懊悔循環

小提示：

- 情緒不是弱點，是訊號。真正成熟的人，是會處理情緒而不是被情緒處理的人。
- 管理情緒不是讓你變冷，而是讓你在混亂中保持清醒，繼續掌控局面。

7-1 ｜情緒失控不是個性，是你沒練好反應力

被情緒綁架的人，容易在關鍵時刻自毀立場

你是否有過以下經驗：

- 花了好幾天準備的簡報，一被質疑就語氣變硬；
- 客戶一句「你們不是說會更快？」就讓你怒火中燒；
- 老闆臨時改意見，讓你忍不住回話：「那當初講的算什麼？」

我們都以為自己是理性的人，直到壓力來臨、被冒犯、遭遇誤解，才發現自己原來這麼容易「炸掉」。

而你要知道的是：炸掉的那一刻，不只是脾氣出來了，而是你的影響力、信任感、專業形象，也一併破洞了。

情緒不是錯，但沒練好反應力，就會被擊倒

在現代職場與人際關係中，越是高壓場域，越看重的是你在被挑戰、被誤會、被不公平對待時的反應能力。

- 有人能冷靜回應、調整策略、穩住場面；
- 有人卻立刻反擊、情緒反射、失控出言，最後不是被邊緣就是被標籤。

這兩種人不是個性不同，而是「反應力強度」不同。

情緒失控不是天生個性，是你沒鍛鍊應對壓力的邏輯、語言與時間差。

你以為你在回應，其實你只是爆發

大多數人都不會在平常崩潰，而是在壓力瞬間「爆反應」：

- 明明只是被問進度，卻聽成「你在否定我」；
- 明明只是改方向，卻覺得「你根本不尊重我」；
- 明明只是提醒，卻聽成「你看不起我能力」。

這時你的回應，已經不是針對事情，而是情緒裡的防衛與焦慮。你反應的不是當下的話，而是過去的委屈與內心的未解。

而這些爆炸，會讓你本來清楚的判斷力、穩定感、專業信任，瞬間垮臺。

真正有反應力的人，懂得「延遲情緒」與「轉向語言」

不是不會生氣，而是你知道哪裡可以生氣、怎麼說才能被理解、不讓自己變成「場面問題製造者」。

他們會：

- 先用中性語言穩住現場，例如：「我先確認一下目前大家的理解是不是一致。」

- 用緩衝句推回責任而不對人，例如：「我理解你的急迫，但我們可能要再對齊一下當初的資源條件。」
- 在被誤解時，不立即攻擊，而是說：「我擔心這樣會有些誤會，能不能讓我說明我當時的思考？」

這些話，讓你保持力量，但不讓場面失控；讓你維護立場，但不引發對抗。

反應力，是你的職場護身盔甲

在這個人人都很累、節奏很快、溝通很難的環境裡，會失控很正常。但能撐住場面的人，才是能被信任與委以責任的人。

你不是不能生氣，而是你不能讓生氣毀了你在組織中的角色。

你要練的，是：

- 延遲反應三秒，讓理性有機會插隊。
- 先回「事」再回「情緒」，你可以之後回應你不滿意，但不要讓第一句話是：「你講這什麼態度？」
- 讓語言轉彎，但不失立場，例如：「我們可能要再回顧一下共識，而不是現在直接調整。」

這些小反應，會決定你在關係中的穩定度與生存力。

最穩定的人，是最懂怎麼回應的人

你不是要變成沒情緒的人，而是在有情緒時，還能保持說話順序與行動節奏的人。

當別人在高壓場合情緒泛濫、語氣刺人、局面失衡時，你如果能說出一段有邏輯、有空間、不帶攻擊的話，你就會立刻被視為：成熟、有格局、可穩場的人。

這，就是情緒戰力裡最強的「反應力」。

真正影響人際關係與職涯的，是你的回應版本

最後請記住：

「你說什麼，決定別人記住你什麼；你怎麼說，決定別人用什麼態度對你。」

你可以內心有風暴，但說出口的要是讓人願意聽、願意處理的語言。你可以感到委屈、被冒犯，但你要選擇一種方式讓你越說越有力量，而不是越說越被排除。

這就是你該練的「反應力」：

讓你的情緒，不再是你跌倒的原因，而是你走穩的訓練場。

7-2 ｜你不是 EQ 低，你只是沒學會穩住情緒的人際武器

你不是脾氣差，而是沒學過「心理防守」

有些人總在情緒上來的時候爆炸，然後在會後自責：「我是不是 EQ 太低？」、「是不是不適合這種壓力場？」

事實上，大多數人在情緒失控時不是因為天生情緒不好，而是沒有人教他們怎麼在第一時間建立心理緩衝區。你不是不理性，你只是沒學會怎麼拉住自己。

正如一位心理師說過的：EQ 不是天生的，它是可訓練的情緒防守術。

高情緒戰力的人，不是沒情緒，是有「情緒使用說明書」

穩定的人不是冷血，也不是都不生氣，而是他們知道 ——

- 哪些話不值得立刻反應；
- 哪些攻擊背後是情緒轉移而非針對；
- 哪些衝突可以隔夜回應、延遲表態；
- 哪些場合不適合正面硬碰，而是繞道處理。

這些判斷力，不是天生的，而是反覆練出來的心理肌肉。你之所以容易情緒失衡，是因為你還沒建立這套「自我減壓與人際過濾系統」。

情緒管理≠壓抑，而是你選擇「怎麼處理它」

有些人誤以為 EQ 高就是「什麼都吞下去」，但其實情緒處理能力強的人，是：

- 知道什麼時候說、什麼時候沉默；
- 懂得用「讓自己不後悔的方式」回應對方；
- 在情緒來襲的第一時間，不讓反射代替選擇。

他們不是壓下火氣，而是把火氣轉化成有用的力量——清楚表達需求、重申立場、保住尊嚴但不破壞關係。

這才是真正的高情緒價值，而不是「都不生氣」。

你的反應，就是你的自我定位

請記住：在關係裡，別人會依你的反應來決定你是什麼人。

- 如果你動不動就暴怒，別人會認定你「不成熟、不可靠」；
- 如果你總是委屈吞忍，別人會認定你「好欺負、不需要顧慮」；

- 但如果你在面對壓力時穩住語氣、說出重點、留出空間，別人會認定你是「能處理關係與場面的人」。

你的 EQ 不是一種抽象指數，而是別人觀察你處理壓力時的模式與語言。你怎麼說話、怎麼收尾、怎麼設界線，就是你在別人心中的「定位管理」。

穩住情緒的五種人際武器，你該練的是策略

這裡提供五種實用的「情緒反應策略」：

重複法：被質疑時，重複對方話語關鍵字，幫自己拉回理性

例：「你說這樣太慢，我想確認你是指整體交期還是目前這一段？」

時間換取空間：不要立刻回應，爭取空間思考

例：「這部分我聽見了，我需要點時間確認內容，晚點回你。」

不對人，只對事：將情緒轉化成結構性語言

例：「這樣的決定對流程影響很大，我們需要重新檢討路徑。」

界線語言：適時畫出界線，不讓對方越界

例：「我可以討論，但請我們先保持尊重的語氣。」

結語主導：即使不解決，也要穩定結尾

例：「我理解這部分還有分歧，我們先停在這裡，晚點再處理。」

這些都是你可以每天練習的語言版本，它們不讓你情緒沒了，而是讓你不會被情緒吃掉。

最強的情緒技術，是讓你保有力量又不被排斥

請記住：最厲害的人，不是最有話說的人，而是能把氣說得有用、有尊嚴、有力量的人。

你可以反擊，但要有策略；你可以不爽，但不能讓不爽毀掉你在團隊中的影響力；你可以捍衛立場，但方式要讓人願意傾聽、理解、配合。

這才是情緒裡真正的「人際武器」：

讓你能活在衝突中，但不被衝突毀掉。

7-3 ｜你說話刺人，不代表你強勢，只是你沒學會用語言立場

直話直說，不等於有話語權

你是否曾經這樣說：

- 「我這人直，有話就說。」
- 「不好意思，我說話比較衝。」
- 「我不喜歡繞圈子，想講什麼就講。」

你以為自己在做自己，其實你只是用語氣掩飾語言的粗糙。很多人以為語言要有「力度」，結果用的是攻擊語、否定句、推責話，最終傷了關係，卻沒建立立場。

強勢不是音量大、句子硬，而是說得清、說得穩、說得讓人無話可說。

「說話很刺」，通常只是因爲你沒準備好你的說法

很多人其實不是情緒暴怒，而是不知道該怎麼清楚地說出立場與感受，所以一緊張就變成：

- 「你這做法根本有問題吧？」（語氣強，但論述弱）

- 「我覺得你很不尊重人耶。」（情緒先行，溝通破局）
- 「到底要我怎樣？」（焦點模糊，責任模糊）

這些話語不是強勢，而是情緒防衛；不是有力，而是語言力不足的代償反應。

你不是沒立場，而是你沒有練好讓立場被聽見的說法。

真正強勢的語言，是讓人聽得懂、接得住、反不回來

當你想表達立場，不需要情緒先行、聲音拉高、語速加快。你需要的是這三個元素：

- 語言有邏輯——讓人知道你不是情緒反射，而是事實判斷
- 語氣有空間——讓人知道你不是來吵架，而是來處理
- 內容有主體——讓人知道你是為自己而說，而不是針對對方而說

這樣的語言會讓你擁有「不容忽視的態度」，而不是「讓人反感的個性」。

有立場的人，不需要用話傷人

如果你真有立場，就不必靠否定別人來肯定自己。

與其說：「你做這樣太爛了。」

不如說：「這部分如果能怎麼調整，會更接近我們的目標。」

與其說：「你都不聽我講。」

不如說：「我有一些觀點想補充，我希望被聽完。」

與其說：「你這個人很難溝通。」

不如說：「我想要討論的方式是彼此都能說清楚彼此的想法。」

你不需要把場面撕破，也能讓你的語言有分量。真正厲害的人，是能在溝通中穩住局面，還能堅定立場。

被當作情緒性的人，你就會被排除在局外

你說話的方式，不只反映你的情緒，更會影響你在團隊裡的角色：

- 你越容易被貼上「愛激動」、「不好講話」、「不能討論」的標籤，別人就越不會把你納入關鍵協調；
- 當你的語言只帶來對立、否定、焦躁，那麼你再有實力，也會被放在「不好駕馭」的位置上。

會說話，不是技巧，是影響力。你能讓別人接受你的話、考慮你的觀點、願意跟你對話，才是真正的力量。

立場清楚，是你人際穩定的武器，不是你的攻擊工具

最後請記得：立場不需要透過語言傷人來表達，語言越清楚，越不需要情緒包裝。

你想要讓人知道你有觀點、有界線、有判斷，那你要做的不是語氣強化，而是：

- 練習先整理你的立場：我想表達的是什麼？
- 建構語言順序：我想先說事，再說情，再說希望的結果
- 預留緩衝：說完不是結束，而是開啟對話，而不是結束對話

你說的每一句話，都會決定你在人群中是能穩場的那一位，還是被避開的那一位。

強勢不是說話凶，而是你說出來的話，別人反駁不了、拒絕不了、忽略不了。

這樣的語言，才是你在人際裡真正的立足之地。

案例故事

脾氣好不是 EQ 高，語言穩才是真實力的展現
—— 行銷主管沈可芸的進化之路

不是 EQ 差，而是反應太快

沈可芸，38 歲，是一家美妝品牌的行銷資深主管，部門約二十人。她腦筋快、動作快、說話更快。

她有兩個外號，一個是「行動女王」，另一個是「情緒地雷」。

只要計畫被質疑，她會立刻反擊：「這我想過了，你講的我早就考慮進去了。」

只要報告被挑錯，她的語氣會變重：「你現在講，那前面都不講是想怎樣？」

她不是無理取鬧，她只是反應太快，來不及思考情緒如何處理。但這樣的模式，讓她漸漸在部門中變得難合作。

有同事開始繞過她與其他主管溝通；有新人私下說：「沈主管其實很有料，但有點怕開會講錯話被她『看』。」

她的努力與專業被掩蓋在語氣裡，讓她不再是組織想推上更高層的候選人。

她的爆發，其實來自「沒被理解」

她自己也察覺：「我不是 EQ 差，是我太想把事情做好，太怕時間被浪費。」

但她也知道，這樣的脾氣與語言反應方式，已經開始影響到整體團隊氣氛。

她最挫敗的一次，是年度提案簡報，她花了三週準備內容，但當營運長問她：「這個數據來源妳確認過嗎？」

她當場說：「你每次都問這種問題，到底要不要相信我們部門？」

整場簡報氣氛瞬間凍結。會後主管私下找她談：「妳反應太快了，有些話不該當場回，也不該用那種方式回。」

她沉默許久，第一次不是反擊，而是低聲說：「我不是想吵，我只是……覺得我們的努力一直被當沒看到。」

她開始練習「反應慢三秒」

從那天起，她決定要改變。

第一步：不讓反應比思考快。她寫在便利貼上的一句話是：「聽完再說，不爽也先吸氣。」

會議中，她開始在被問問題時說：「這問題我記下來，讓我稍微整理一下，等下回應。」

以前她會在十秒內反擊，現在她先多吸三口氣，讓自己穩住。

第二步：用結構說話，不用情緒說話。她會改用：「我們當時設定這數據有兩個依據…」取代「我不可能沒確認」。

第三步：讓語言帶立場，但不帶火氣。她練習說：

- 「我理解你提出的角度，但我這邊的考量是…」
- 「我想補充一下背景脈絡，讓我們有共同理解基礎。」
- 「我認同這點可能需要修正，我們來看看怎麼整合比較妥當。」

她沒變得軟弱，而是多了控制力

剛開始，同事們反而有點不習慣：「咦？沈姐怎麼今天沒有回嘴？」

但漸漸地，大家發現她的語言變得更有邏輯、更清楚、更具引導性。

在一次跨部門協調會中，有人當場指出：「你們這個 KPI 設得不合理，成效差就是你們問題。」

以前的她會立刻冷回：「你搞清楚，我們這個 KPI 是你們先提的。」

但這次她只說：「我先理解一下你講的重點是 KPI 對齊，我們來對一下原始設定與最新策略差異，讓數據能在共識下修正。」

現場所有人靜了幾秒，然後點頭：「這樣說比較清楚。」

她沒吵，卻把話說回來了。這一次，她不靠語氣贏，而是靠立場穩。

從被討厭，到被信任

半年後，她的主管私下對人資說：「可芸現在真的成熟很多，不只是能力好，還能穩住場。她可以帶大型專案了。」

同事私下說：「以前她很難對話，現在她真的很能聽，講話又清楚。」

她不是沒脾氣了，她只是學會讓自己的脾氣不成為武器，而成為力量來源。

她說：「我發現，把不滿說得有邏輯，比大聲還有力；把反對說得有結構，比反擊還有效。」

成熟，不是壓住情緒，而是升級情緒的說法

沈可芸的轉變，來自她重新定義了「語言與立場的關係」：

「我以前以為，表現出自己情緒才叫有態度；現在我知道，把情緒換成讓人聽得進去的語言，才叫有實力。」

她從「爆炸型主管」變成「有控制力的引導者」，靠的不是改個性，而是練語言，練節奏，練說法。

她不再怕被質疑，也不再靠語氣防衛。她靠的，是讓自己能撐住場合、說出重點、收得住場面。

這，就是語言立場的真正威力。

Chapter 8 ｜
別再做透明人：
從可替代到不可或缺的存在策略

行動綱領表

主題：存在感不是大聲說話，而是讓人無法忽略你的價值

行動目標	對應行為建議	日常練習提醒	請你避免的陷阱
定位你的核心專長	明確定義你在團隊／圈子中的關鍵價值（如：邏輯強、視覺力、協調力）	寫下：「我在哪些場合能提供獨特價值？我希望別人找我做什麼？」	什麼都做一點，卻沒有明確定位，變成可被替代的「萬用膠」
建立專屬辨識風格	發展個人風格或特色，例如回覆方式、提案節奏、輸出風格，讓人一提到，就想到你	練習在作品、簡報、溝通中加入「個人辨識度」元素	一味模仿別人風格，讓自己變成沒記憶點的複製品
主動呈現成果與貢獻	定期總結你做過的事、完成的專案，並用可視化、報告、筆記方式讓成果浮現	練習每週寫一次：「這週我完成的 3 件關鍵貢獻是……」	默默完成任務但從不報告，讓貢獻被忽略或歸給別人
主動創造價值機會	發起提案、主動解決問題、跨部門支援等「讓人記住你」的行為	問自己：「我這週有沒有做一件別人沒想到但重要的事？」	總在被動等待交辦，從不主動創造存在意義

行動目標	對應行為建議	日常練習提醒	請你避免的陷阱
建立「不可或缺感」	讓人清楚知道你不只是在場，而是對結果、效率、文化有實質貢獻	練習發出訊號：「這件事我熟悉，我能負責／我可以協助釐清這段」	一直默默支援別人，不明說就沒人記得你在扛什麼

小提示：

- 存在感不是靠聲量，是靠有意識地讓你被看見、被記得、被需要。
- 讓自己變得「可替代」很簡單，只要你什麼都接、什麼都不說；但要成為「不可或缺」，你得開始挑戰價值、精練定位、創造影響力。

8-1 ｜不是你能力差，是你讓人覺得「可有可無」

爲什麼你一直沒被重用？不是因爲你不好，而是因爲「你可被替代」

你做事穩、加班也不喊苦、任務交代永遠點頭。你以為這樣就會被看見、被信任、被提拔。

結果升遷名單沒有你、專案核心沒有你、策略會議也沒找你。你開始懷疑：「是不是我不夠優秀？」

事實上，問題可能不在於你不夠強，而在於你從來沒有讓別人知道你「非你不可」。

你可有可無，不是因為你沒實力，而是你沒定義出你的存在價值。

「可靠」不是壞事，但太無聲就會變成「誰都能來做」

當你總是默默做完份內工作、從不爭功、不主動標示、甚至把功勞都推給別人，你在別人眼中，就慢慢變成這樣的人設：

- 「他滿配合的，沒意見。」
- 「他穩啦，但沒什麼特色。」

- 「他在不在，好像都還好。」

這種「好相處、好配合、沒存在壓力」的印象，會在無形中抹除你應該被辨識的價值。

你不是沒能力，而是你讓你的能力沒有辨識度。

可替代，就是一種隱形的職場危機

你不表示你做了什麼，別人就以為是團隊一起完成；

你不主動對齊貢獻，就沒人知道你其實是主導那段流程；

你從不說出你為什麼這樣設計、怎麼規劃策略，那麼最後提出的人，就會被記成是「那個說出來的人」。

久而久之，你就被當成：

- 工具人：能用，但不關鍵
- 執行手：好用，但不主導
- 團隊角落：穩定，但不是「被考慮的選項」

這不是別人刻意忽視你，而是你沒有留下「存在痕跡」。

你不是透明人，是你沒設計「辨識機制」

請問你最近一次讓別人明確知道你貢獻了什麼是什麼時候？

你上次在會議中發言，說的只是進度回報，還是你有觀察、有判斷、有建議？

當你長期只做而不說、不提、不標示，就會讓人誤以為「你沒想法」、「你沒立場」、「你沒參與感」。

其實你都在，只是你沒說出來；你有貢獻，只是你沒畫重點。

所以，你必須學會：

- 在工作中，留下可追蹤的成果紀錄；
- 在團隊內，主動表達你的思考與建議；
- 在關鍵時，敢說「這部分由我負責，我的做法是…」

你不是要搶功，而是要定義你是誰。

存在感，不是炫耀，而是「可辨識的影響力」

別再誤會「低調是美德」。在高度競爭的場域裡，「低調」往往等於「邊緣化」；不是因為別人故意排擠你，而是你讓自己沒有出現在畫面中。

真正的存在感，不是愛說話，而是讓你做的事、說的話、主導的價值 —— 有一種你不在就會出現空缺的感覺。

這樣的人，才是不會在關鍵時刻被忽略的「必要人物」。

從「可有可無」變成「不能沒有你」，你該做的三件事

主動建立你在團隊裡的定位句

例：「我這邊主要負責系統邏輯與用戶行為拆解，我會持續優化資料轉換效率。」

讓你的輸出可複製、可引用、可追溯

例：建立共用文件、標注流程邏輯、說明你的方法與選擇依據。

在發言中加上主體語句與判斷依據

例：「根據這段用戶行為數據，我的建議是優化提示流程，減少跳出率。」

這些動作不是自我行銷，而是給團隊一個記住你「是誰、會什麼、做過什麼」的理由。

別再讓你自己從畫面中消失

最後請記住：你不是沒能力，你只是沒讓人看到你不可取代的地方。

每個人都有機會成為關鍵人物，但前提是你要先站出來說：「我不是誰都可以替代的。」

你要讓別人知道 —— 你不只是能做事，你還能思考、能貢獻、能引導。

別再讓自己只被需要時被想到，不在場時就被遺忘。

你值得存在，而且值得被定義。

8-2 ｜你總是被跳過，因為你沒建立「存在感策略」

你不是沒資格參與，而是你沒進入「他們的腦內清單」

你是不是常遇到這樣的狀況：

- 專案啟動時，沒人在第一輪會議中標記你；
- 升遷名單出爐時，評語是「他也不錯啦，但沒什麼記憶點」；
- 部門交流活動有人主導時，你總是最後才被通知，甚至沒被邀請。

你以為是自己不夠資深、不夠有話語權，但事實上你只是沒被放進別人的「考慮名單」裡。

存在感，不是等別人想起來，而是你主動讓自己出現在他們的畫面中。

沒有策略的默默努力，會讓你自動退場

現代職場不是論資排輩，而是誰讓人感覺「可以用」、「有存在感」、「找得到人」。

如果你總是：

- 講話講一半就收尾；
- 開會只講進度、從不補觀點；
- 專案結束就撤退，沒有任何資料輸出；
- 與主管溝通永遠只有「沒問題」這三個字；

那麼你不是沒表現，而是沒有任何方式讓人記得你是誰、做了什麼、可以扮演什麼角色。

你從來沒設計讓自己被記住的方式，別人自然就不會想到你。

所謂「存在感策略」，不是刷存在，是創造連結

別誤會，存在感不是刷臉、硬插話、製造話題；真正有效的存在感，是讓別人知道你在哪裡、你負責什麼、你能被依靠什麼。

這三件事，構成了你的「存在座標」：

- 主體位置：你主導什麼、你的任務重心是什麼
- 專長範圍：你在哪個領域有判斷力、能提供策略或見解
- 可被依賴性：什麼時候找你最有效率，你在關鍵時會出手解決什麼問題

當你這些訊號發得不夠清楚時，別人只會把你歸在一個模糊角色：「他就是負責那個啊⋯⋯其他的應該沒參與。」

存在感的養成，是一種持續的微操作

建立存在感不是靠一次轟動，而是靠一次次「可辨識的語言與行動」的累積。你可以這樣做：

- 主動發起一項共識性提案，例：「這幾週我們流程有些重疊，我想整理一版新流程簡化給大家看。」
- 建立小規模系統，例：「我這邊整理了一個產品版本演進記錄，以後有新人可以快速對焦。」
- 會議中多說一句個人判斷，例：「這項功能設定，我的建議是從用戶常見問題來回推需求排序。」

這些行為的本質不是「爭取注意」，而是用行動標記你是「會思考、可參考、值得信任」的角色。

你不設計出場，就等於自動退場

很多人害怕成為話題焦點，於是選擇沉默、避免被注意。但你要明白，沉默不會讓你安全，只會讓你被跳過。

別人不記得你，不是因為你不努力，而是你沒有讓自己「被需要」、「被指名」、「被放入名單」。

你要讓自己成為選項，而不是備援；成為參考，而不是備註；成為開頭，而不是附帶。

這些都需要你有一套策略：有意識地經營你在他人腦中的「畫面感」。

建立存在感的三大實務步驟

固定輸出你的成果與想法

不只是做完交件，而是寫成可引用、可讀懂、可流通的格式，如共用文件、會議摘要、邏輯模型。

定期在小場合發聲

在部門早會、跨部門溝通中，主動拋出建設性句型，例如：「我們這段流程可以這樣優化……」

找機會成為「他人連結點」

幫忙協調部門資源、主動統整大家意見、成為對外回應窗口。讓人知道：有事可以找你，找你不是壓力，而是效率。

沒有人天生有存在感，是你要學會打造「被記住的機會」

最後請記得：沒人會永遠主動記得你，但你可以主動讓自己變得值得記得。

你要的不是浮誇曝光，而是建立一種穩定而清晰的「存在輪廓」：你是誰、負責什麼、能提供什麼、遇到問題為什麼找你。

當別人在下一次要組專案、提拔人選、建立核心團隊時，會自然想到：「這件事，某某可以做。」

這就是你該打造的「存在感策略」。

8-3｜別等別人記得你，存在感是自己設計出來的

沒人會主動記得你，記得的都是「設計過的角色」

這是一個殘酷的真相：你再努力、再配合、再穩定，如果你沒有主動定義自己的位置與作用，在別人心中你永遠只是個「影子型角色」。

你想被提名、被依賴、被拉進核心圈，那你就要先問自己：

「我有沒有為自己設計一套明確、可見、能延續的存在感？」

這不是社交技巧，而是一套職場生存與角色建構策略。

「被看見」不是靠偶然，是靠你「設計痕跡」

你不是沒被看見，是你沒讓自己留下可以辨識、可以追蹤、可以引用的痕跡。

- 完成一個專案，卻沒有在團隊內說明你的角色與貢獻；
- 建立一個系統，卻沒有留下文字紀錄讓人理解整合邏輯；
- 參與無數次會議，卻沒有發言或提出觀點，只是默默聽完。

這些看似低調的表現，其實等於自動清除存在軌跡。

你不是沒有角色，而是你沒有說出你是誰、你怎麼做、你能給什麼。

被記得的人，都設計了三件事

自己的專屬關鍵字（角色定位）

你要讓人一想到「流程整合」、「數據建模」、「風險控管」，就會說：「這是誰誰的強項。」

可辨識的語言風格（溝通節奏）

說話要有結構、回應要有方向、會議中能補盲點、合作中能帶節奏。這是你被視為可靠的前提。

輸出的資源化痕跡（可留存價值）

你寫的流程圖、你歸納的報告、你設計的模式，是不是讓人下次還想再用？還找你問一次？

這些，都不是「等別人幫你發現」，而是你得主動去設計與維護的「角色印象工程」。

不設計，就等於默許被遺忘

當你沒有主動定義自己的存在邏輯，別人就會用最簡單的方式「代替你定義」：

- 「他就是那個很聽話但沒主見的人。」
- 「他都只做技術，不會溝通。」
- 「他一直都這樣，不太講話。」

你不出聲，不是中立，是失語；你不標示成果，不是謙虛，是消失；你不參與策略，不是穩重，是自我邊緣化。

所以你需要建立三個主動出場點：

- 被看到的機會（主動請纓或出聲）
- 被記住的痕跡（可讀懂、可用的輸出）
- 被指名的時刻（建立「找我」的連結）

自我設計，從這些語言與行動開始

你可以這樣做：

- 在任務開始時說：「我這次主要負責邏輯設計與風險推演，後續輸出由我整合。」
- 在會議中說：「我對這個流程的拆解方式有一個提案，可以快速優化重工問題。」
- 在專案後寄信：「附上我這邊建立的資料轉換結構與流程建議，日後可以參考或延伸使用。」

這些語言，不是炫耀，而是讓你在這個局裡被具名、被記住、被預設成「下一輪還會找你」的人。

存在不是「有沒有坐在那裡」，而是「有沒有留下什麼」

請記住：存在感不是聲音大，而是留下來的東西夠深、夠明確、夠可延伸。

你可以不搶風頭，但不能讓人想不起你；你可以不主導每次討論，但不能沒有輸出讓人依賴;你可以不做意見領袖，但你一定要是「有貢獻可回顧」的人。

你要的不是曝光，而是定位；不是表演，而是可見；不是刷存在，而是存在得住。

真正被需要的人，總是「設計好怎麼進場」

最後請記得：被記得，不是運氣；存在感，是自己打造出來的。

不要再做默默努力、默默退出的人。你要開始問：

「我現在這樣的角色，有沒有系統可以放大我的影響？」

「我的說話方式，有沒有讓人想再次對話？」

「我的輸出，有沒有讓人覺得找我，是一種資源？」

這三件事設計出來，你就不再可有可無。你就是 —— 被需要的人。

案例故事

沒有名字的努力，再用力也會被遺忘
—— 陳泰倫與他的存在感翻轉計畫

他是團隊裡最安靜的那一位

陳泰倫，39 歲，是一家跨國科技公司的資深工程師。他在這裡第七年，沒犯過錯，也沒搶過功，交辦任務從不推脫，系統架構他比誰都熟，寫過的內部函式程式碼超過三十萬行，版本控管乾淨到連新進員工都拿他的 code 當教科書。

但，他不說話。會議上他總坐邊邊，點頭表示理解，卻從不爭論；專案中他負責最複雜的核心模組，卻永遠把功勞寫成「團隊共同完成」。

他總覺得：「我只要把事情做好，大家自然會知道。」

只是，他沒有預料到，這種想法，在一次重要升遷名單出爐時，被打破得徹底。

升遷名單裡沒他的名字，卻有一個他帶過的新人

那天中午，公司內部網站公布了年度職級調整通知，泰倫按下查詢鍵，看著熟悉的名單，眼睛掃過三遍，他的名字不在裡面。

名單最末一位，是一個入職不到兩年的年輕工程師——Leo。他曾在泰倫的專案裡實習，工作態度不錯，但經驗明顯不足。

他點開公告中的評語欄，看到一段寫著：「Leo 在本年度主導了 X 系統的整合優化，展現獨立思考與流程建構能力。」

泰倫盯著這句話發愣良久。那個整合，其實是他設計的架構、他訂的邏輯、他寫的測試報告。Leo 只是負責實作與展示。

但他從未說明，也從未留下任何公開痕跡。

那一刻，他第一次明白：如果你不說你是誰，別人就會幫你定義你是什麼。

他決定開始，給自己的努力一個名字

那晚，他回家後打開筆電，寫下第一段不是程式碼的文字：

「從今天開始，我不只是交付，我要留下記號。我要讓別人知道，是我做的，是我設計的，是我想出來的。不是為了搶功，是為了生存。」

他做了第一件事：在下週系統更新公告中，主動寫上一句簡短備註：「此次升級模組由我規劃與編寫，若有後續優化建議可直接與我聯絡。」

沒有人說什麼，但三天後，PM 在早會中回應：「這次版本升級邏輯很順，我們這邊同仁說設計思路非常清晰，感謝陳泰倫。」這是他入職七年來，第一次在部門會議中被點名。

他開始學會：不需要大聲，但需要被聽見

那次之後，他開始習慣：

- 在技術報告後加注設計想法：「我的判斷邏輯是……」、「此設計主要為解決哪類用戶問題……」
- 在會議中主動開口一句話：「我這邊有個不同看法，我想試著補一塊邏輯模型。」
- 每完成一段模組，他不再只是交件，而是整理一頁【邏輯圖＋使用者推導流程】文件，主動送給團隊文件庫。

他的語氣依然溫和，語速不快，但每次開口，大家會停下筆電，抬頭看他。

他還是那個不吵不鬧的工程師，但他開始有名字、有記憶點、有立場。

他從「工程支援」變成「技術參考」

幾個月後，產品開發團隊要重構 API 系統架構，過去這種會議不會邀他參加，因為他是「技術支援人員」，不是「產品策略設計人員」。

但這次，PM 主動問：「這個底層邏輯要不要請泰倫一起參與，他的那套模組管理機制很完整。」

會議中，他沒說太多，但他提了一個句子：「我們可以用模組分群做版本策略拆解，這樣可以減少 50%的維護成本。」

接下來的三十分鐘，大家都在討論他這句話。他第一次成為會議中，那個讓問題解開的人。

他開始不是等人來找他，而是被預設為「該找的人」

再後來，當部門要選派一位代表參與總公司架構重組委員會時，主管說：「我們這邊技術邏輯最清楚的是誰？」

沒人猶豫，所有人同時看向他。

他沒有為了這個時刻做什麼表演，他只是在過去的 180 天裡，穩穩地留下每一個痕跡、說出每一次想法、呈現每一段努力。

他不是突然被看見，而是他讓自己在每次出現時，都值得被記住。

你必須為自己的角色，設計出畫面與聲音

現在的陳泰倫，沒有改變性格。他還是不喜歡搶風頭，也不愛社交。但他在系統後端的文件裡，總會標記：「設計思考 by T. L. Chen」；

他的模組輸出不再只是程式碼，而會附上一段邏輯說明：「本設計旨在提升穩定性與後續可維護性，適用於⋯⋯」；

他在團隊裡，不再只是能用，而是「有判斷、會設計、值得被問」的人。

他後來在公司內訓中說了一句話，大家記了很久：

「不是你沒價值，是你從來沒讓人知道你能產生什麼價值。」

如果你也一直被跳過，也許該問自己：

- 我有沒有留下任何證明我做過什麼的痕跡？
- 我的語言，有沒有讓人記得我不只是執行者？
- 我的存在，有沒有系統地設計出讓人想依賴的理由？

被記得，不是偶然；存在感，是自己寫出來的。

Chapter 9 | 善良沒錯，但要有分寸與策略

行動綱領表

主題：真正成熟的善良，是懂得何時給、給多少、給誰

行動目標	對應行為建議	日常練習提醒	請你避免的陷阱
檢視你的善良代價	思考近期「你幫了誰、做了什麼、最後怎麼感覺」	寫下：「我這次幫了他，但我其實 ______（開心？委屈？被當理所當然？）」	為了不尷尬就接受請求，回頭卻內心不爽
練習條件式幫助	幫可以幫的，但加上前提（時限、範圍、回應條件）	回應方式如：「這件事我可以幫，但我只能做到 ___、或需配合 ___」	無底線地一直接下對方情緒、工作、請託
建立「拒絕也有善意」的信念	認知到拒絕不是冷漠，而是保護彼此關係的健康界線	練習說出：「這件事我沒辦法幫，但我相信你會處理得很好」	總覺得拒絕就會傷感情，把自己壓到極限才崩潰
善良要配對象	分辨「值得幫的人」與「習慣索取的人」，不要讓錯的人耗盡你的好	問自己：「我現在這個善意，是出於關心？還是出於內疚或害怕？」	一視同仁地付出善意，最後卻只有好人被欺負
定期「善意盤點日」	每週檢查一次：這週我的善良有沒有太過、有沒有偏離初衷	寫下三個你幫過的人，檢視是否為良性互動或反覆損耗	忙著幫別人而忘了幫自己，導致情緒與資源都耗盡

小提示：

- 善良是一種選擇，不是責任，更不是償還。
- 當你把善良當成義務，別人就把你當成免費資源；當你有策略地善良，你才能走得久、站得穩。

9-1 ｜好人沒好報，因為你總在錯的地方發善心

善意，若無界限，終將讓你成爲耗損者

在職場與人際關係裡，最容易被掏空的人，往往不是能力差、表現不好的人，而是那群「總是為別人著想」的人。他們不擅長拒絕，不懂設限，凡事都選擇配合、忍讓、補位。當團隊任務有落差，第一個說「我來幫忙」的，是他；當別人犯錯不敢承擔責任，他會主動站出來「幫忙解釋」；當工作分配不均、資源調配失衡時，他寧願自己多做，也不讓氣氛變難堪。他對每一個人都釋出善意，卻從未為自己設下界線。這樣的人，一開始總是被讚賞為體貼、配合、有團隊精神，久而久之卻變成了「你不做就沒人做」、「反正你也不會拒絕」的理所當然。當善良缺乏保護力，最終只會讓你從一個值得尊敬的人，變成一個可被消耗的人。

無條件的付出，只會讓你在人群中失去價值感

許多「好人」其實都錯把沉默當成成熟，把讓步當成圓融。他們總以為多做一點沒關係、退讓一步沒什麼，反正是為了團隊好、為了關係和諧。但他們不知道的是，這種一再

壓抑與自我犧牲，並不會換來尊重，反而會讓別人習慣性地把他們當成「可以不用考慮的人」。當你沒有說出自己的負擔、底線與不滿，那麼你的每一次配合，都會被誤解為「你可以承受更多」；你的每一次沉默，都會被解讀為「你沒有意見」。久而久之，你在人群中的價值不是被肯定，而是被低估。不是因為你不重要，而是因為你自己從未讓別人看清楚，你其實也有界線，也有極限，也有需要被保護的時候。

被忽視，不是因爲你不夠努力，而是你不懂自我保留

那些總是第一個跳出來補漏洞的人，其實最終會成為系統中最容易被替代的人。因為他們把自己的善良當作解決問題的工具，卻忽略了在這個充滿效率與可衡量指標的世界裡，價值不是來自你「做了多少」，而是你「留下了什麼」。你幫忙代班三次，但從沒留下流程紀錄；你接手他人爛攤子五次，但從沒主動說明自己的貢獻與心力；你完成一份又一份沒人願意碰的任務，卻從未出現在結案報告的名字裡。這些「善心」像流水一樣流過每一個專案、每一段合作，卻沒有在任何人心中留下痕跡。因為你給得太多，卻不懂如何讓自己留下來。當你不為自己劃界線，那麼你最終會在所有人的記憶裡消失。

拒絕，不是冷酷，而是讓善意更有分量

許多人不敢拒絕，是因為害怕被誤會成「不好相處」或「不夠團隊」。但成熟的人際經營，不是誰做得最多，而是誰把自己照顧得最好。你不需要為了怕別人失望而答應所有事；你不需要用自己的時間與健康去補別人的缺席。拒絕，是讓你的資源被合理使用；設限，是為了讓你的能力能持續產出；而保留，是讓你的價值不會被一次次榨乾後消失殆盡。真正有力量的善良，是你知道什麼時候該幫忙、什麼時候該退出；你知道哪些人值得信任，哪些人只是在消耗你。拒絕不是自私，而是一種成熟的選擇，一種為了讓善意不再被濫用的自我保護。

真正有價值的善良，是選擇性的給予

如果你曾經在關係中、職場裡當了太久的「好人」，那麼你必須開始問自己：我的善良是否真的讓我更被珍惜，還是只讓我更容易被需要、卻不被感謝？真正有價值的善意，不是來者不拒，而是選擇性的給予。你幫助那些值得的人，而不是無止盡地照顧那些只懂索取的人；你願意配合有共識的任務，而不是默默接下所有人的爛攤子。當你的善良有策略、有對象、有界線，那麼它才會被尊重、被感謝、被回報。那樣的你，不只是好人，而是一個有分寸、有魅力、有影響力的人。

請把你的善良用在「值得的地方」

世界不會因為你多做一點，就給你更多的尊重；但世界會因為你設下底線，而開始學會尊重你。善良不是錯，錯的是你從未為你的善意設定使用規則。請記得：你可以是一個願意付出的人，但你不能讓自己變成誰都能消耗的人。你可以有溫度，但你要有溫度的同時，也要有選擇。當你學會讓自己的善意有界線，你才會發現——真正值得的人，會因為你的保留而更珍惜你的給予。

9-2 ｜當你總替別人想，最後沒人會替你想

溫柔體貼的人，最常被放進「可以不考慮」的位置

在職場中、在朋友間、甚至在親密關係裡，總替別人設想的人看似溫暖，其實經常過得很苦。他們在意別人的感受，於是盡量不讓話變得太直接；他們害怕造成麻煩，於是寧願自己扛下多餘的壓力；他們想要大家和諧，於是常常把自己擠到最角落的位置。這樣的你，也許從來沒有明說過你的不滿、沒有明確表達過你的需求，因為你怕一旦提出來，就會讓別人為難。但你不知道的是，當你不說，別人也不會猜；當你只考慮別人時，別人也會習慣性地不把你列入考慮名單裡。

把他人放在心上，久了自己會從別人心中消失

你以為為人設想是建立信任的橋梁，卻沒發現這條橋只讓對方通過，你從未走過去。你替同事想：「他最近很忙，這次就我先接起來吧。」你替主管想：「他已經有壓力了，這次我就別提反對意見了。」你替家人想：「他們也有難處，我就不表達自己需求了。」這些「我先讓一下」、「我多想一步」的

背後，其實在默默掏空你的精力與心理界線。久而久之，別人習慣你不說話、習慣你照單全收、習慣你永遠配合，最終你會發現：你總替別人想，但別人從來沒想過你。

當你替別人鋪路，請確認你沒有遺忘自己的方向

「我想先顧全大局」、「我不想成為麻煩的人」、「我只是希望大家都舒服一點」—— 這些話，你說過多少次？你退讓，是因為你覺得這樣大家會更容易合作，但每次退讓後，真的有人因此更加體貼你嗎？你沉默，是因為你想顧及他人立場，但你沉默之後，有沒有人回過頭來問：「那你覺得怎麼樣？」這些問題，答案常常是否定的。因為在你一次次為別人讓路的過程中，你的存在被簡化為一個功能、一個支援者、一個無聲的背景。而你自己原本想走的那條路、想說的話、想被看見的需求，也漸漸迷失在那些「先顧別人」的選擇裡。

眞正的成熟，不是只爲別人設想，而是懂得爲自己發聲

一個真正有界線、有力量的人，不會一味迎合、不斷壓抑。他們懂得尊重他人，但也會在需要的時候說出「我不同意」；他們善於體貼，但不會無限遷就；他們可以站在對方角度思考，但也絕不讓自己在關係中消失。你不需要大聲，但

你需要清楚。你可以說：「我理解你的難處，但我現在也承擔不了。」你可以說：「我知道你有你的立場，不過我也需要空間討論。」這些話，不會讓你變得難相處，反而會讓你變得清楚、可靠、有分寸。當你能夠誠實地說出自己，別人才有機會把你真正當成一個對等的存在來看待，而不是只是一個「會幫忙但沒聲音的人」。

人際關係最健康的樣子，是「我爲你著想」能對等

一段真正成熟的人際關係，不該是只有一方不斷付出、另一方習慣索取；而是彼此都能在需要時退讓，在該堅持時表態。你不需要對所有人都好，只需要對那些也會回頭看你、關心你、替你設想的人好。你可以體貼，但你也該被體貼；你可以幫忙，但你也值得被幫。那些真正重要的關係，應該是你跌倒時有人扶你一把，不是你一輩子替別人鋪路、卻連累了自己。學會讓「體貼」成為雙向，而不是單程；讓「為人著想」變成一種選擇，而不是一種習慣。

停止默默犧牲，學會讓別人也替你想一想

你不是一定要變得自私才會被重視，但你必須學會停止過度考慮他人，卻完全忽略了自己。別再把所有人的需求放在你自己前面，別再為了體諒別人一次次否定自己。你值得

被考慮，你的需求不需要附帶道歉。從今天起，請練習站在關係中心一點點，把你的聲音說出來，把你的存在提上來，讓那些你在乎的人，也學會怎麼在乎你。

9-3 | 你不設底線，他們就當你沒情緒

當你什麼都不說，他們會以爲你什麼都不介意

你是不是曾有這樣的經驗：別人隨口改變決策，你只是苦笑點頭；工作多分給你一些，你只是悶著頭做完；明明被冒犯了，卻還自我安慰「也許對方不是故意的」？你總告訴自己，「沒關係，小事而已」、「我懶得計較」、「大家都辛苦，我不能太敏感」。但事實是，你不是沒情緒，而是你從不讓人知道你有情緒。這些被你吞下的話、壓抑的委屈、消化掉的怒氣，在別人眼中，全都被解讀成：「你 OK，你好說話，你沒有底線。」

沒有底線的人，最終只會被視爲工具，而非個體

當你對什麼都沒反應，別人自然不會替你保留空間；當你從不說出「這樣我不行」，別人就會認為你永遠都行。你不說話的樣子，在別人眼中並不高尚，只是方便。他們會開始習慣把臨時任務交給你，因為你從不拒絕；他們會在對話中用詞粗暴，因為你總是沒反應；他們甚至會把你排除在關鍵會議之外，因為他們根本不知道你有想法。你不是沒有能

力，而是你讓別人以為你沒有立場；你不是沒有感受，而是你習慣把感受藏起來，最後被誤認為「你不需要被考慮」。

壓抑不是穩定，而是慢性自我消失

很多人誤把不發脾氣當作情緒管理，把忍耐當作職場修養。他們以為只要自己夠理性、夠隱忍，就能避免衝突、保住和平。然而事實是，你愈忍、愈壓、愈不說，別人就愈看不見你。你的真實感受被你自己吞下，你的真實角色也被組織邊緣化。時間久了，你會開始懷疑：「我還在這裡嗎？我還重要嗎？」這並非情緒敏感，而是情緒無法流動的自然反彈。真正的穩定，不是沉默，而是你能夠適時地清楚表達：這裡是我的界線，超過了，我會說話。

設底線，不是爲了對抗，而是爲了讓關係更健康

很多人不敢設底線，是因為害怕「氣氛變僵」、「被貼標籤」、「破壞合作」。但設底線並不是高聲叫囂，而是溫和地說清楚：「這樣我不舒服」、「這不是我能接受的做法」、「我們可能要重新討論分工」。底線是一種範圍提醒，不是威脅；是一種自我聲明，不是攻擊。你可以在尊重他人的同時，也讓人學會尊重你。你不必變得強硬，但你可以清楚。當別人開始知道你是有反應、有判斷、有情緒的人，他們才會開始對你的存在產生真實的重視與回應。

當你敢設限，世界才會停止無限度壓你

你願意配合、幫忙、協調，這些都是美德；但前提是——這些行為必須出自你的選擇，而非別人的習慣。你願意做的事，也要有能力說「我不做」；你理解的話，也要有立場說「我不同意」。當你開始清楚標記你的界線，世界才會明白：你不是一塊可以任意揉捏的海綿，而是一個值得平等對話、有情緒主權的人。請記得，你的沉默不會讓你被喜歡，只會讓你被消耗；你的壓抑不會換來體諒，只會讓你逐漸透明。

從今天起，請給你的情緒一個位置

請不要再讓別人以為你不會痛、不會累、不會委屈。請讓自己擁有表達不滿的權利，說「這不公平」的勇氣，以及拒絕被過度期待的底線。當你給情緒一個被聽見的位置，你也會慢慢被世界放在一個更對等的位置。你值得被好好對待，而這一切，都從你為自己設下一條清楚的線開始。

案例故事

你什麼都沒說，最後只剩委屈與疲憊——一位總是爲人著想的行政主管，如何用沉默把自己逼入牆角

起初，他只是想成為讓大家輕鬆的人

葉晉明，38 歲，是一家設計公司的行政主管，已經在公司服務了九年。他不是最亮眼的人，卻是那種「永遠可靠」的存在。團隊裡的人習慣把難搞的採購流程交給他解決、老闆習慣把臨時任務轉派給他，因為他從不拒絕。哪怕已經排滿一整天，他總會說：「沒關係，我來弄。」

剛開始，他也覺得這沒什麼。他總是多想一步，提前幫會議安排好水和資料、幫設計部處理報帳問題、幫新進員工導入流程。久而久之，他成了大家口中的「晉明哥」，好說話、不計較、處理事情超快。

但他開始發現一個微妙的變化：越是他替大家想，大家越是不再替他想。

他幫大家擦了多少次屁股，就被默默多分了多少事

有一次，部門晚會流程臨時改動，原本由活動專員負責的表單設計出了錯。主管在會議上看著大家沉默不語時，葉晉明開口了：「我手上有之前的範本，我來協助一下，應該能趕得上。」

表面上他是來幫忙的，實際上那件事從那天起變成他的固定業務；活動專員不再負責，因為「晉明哥比較熟」，而主管也再沒提過資源轉移這回事。

同樣的事不斷重演。原本的支援，變成了默認的義務；原本的臨時，變成了永遠。葉晉明從未抗議，從未反對，甚至從未表達過壓力。他總說：「大家都很辛苦，我做多一點沒關係。」

但漸漸的，他開始感到累 —— 那種不是身體上的疲憊，而是「我的存在是不是只是為了填補別人缺口」的失落感。

沒人惡意壓他，只是他從沒說「夠了」

那年尾牙，設計部門臨時取消了場布人員，主管只說了一句：「不然晉明協助一下好了，這種事情他做得快。」他接下來的 48 小時裡，跑了三趟活動場地、貼了五十份指示標籤、處理了兩次臨時更換流程的混亂。

他沒抱怨，甚至笑著回覆：「這些小事，我熟啦。」但在

清晨收工回到家後，他坐在椅子上，連續盯著手機發呆一個小時。他突然發現，整個尾牙流程裡，他幾乎做了全場一半的行政細節，卻沒一個環節記錄下他的名字。

沒有一封感謝信提到他，沒有一句公開肯定他的貢獻。他甚至看到負責活動的設計主管在群組裡寫著：「感謝我們設計部同仁支援場布，活動大成功。」

他心裡一沉，原來他只是支援，支援到像不存在。

他沒崩潰，只是開始悄悄失去熱情

從那之後，他不再主動報名支援事項，但每次會議仍會被點名：「晉明幫忙處理一下。」他笑著說好，回到位置上卻慢了幾拍才動作。他的速度沒變，但眼神裡那種「我有被需要」的光，慢慢黯淡了。

有天晚間十點，他正在公司幫忙整理部門搬遷的文件，一個剛入職的新人走過來問他：「你是行政主管對吧？怎麼你都還在幫忙搬這些東西？」

葉晉明停頓了一下，笑了笑說：「習慣了。」

但那晚他一個人回到家，終於流下淚來。他不是玻璃心，他也沒被誰罵。他只是發現 —— 他已經很久沒有被好好對待過了。

他開始學著說「這不在我的職責裡」

轉機來自一場內部職能盤點。HR 要求每位主管列出部門人員的貢獻與角色定位。設計部門的主管在會議上問他：「你覺得你這邊負責什麼最有價值的部分？」

他愣住了。他做過的事太多，但沒有一件事，是真的被標示過他名字的。他說不出哪一件「被明確歸屬給他」。

回去之後，他做了一件從沒做過的事：他把過去三年他經手的工作全部列出來，分類、標注流程、記錄時數與產出成效。資料厚厚兩百頁。他用那份資料，第一次跟上級主管說了一句話：「這些是我平常處理的工作，部分內容其實不屬於我的職責，後續我希望能重整分工，讓責任更清晰。」

主管驚訝地看著他：「原來你做這麼多啊。」

那天開始，他不再輕易接下額外任務。他開始說：「這件事請找原單位協助，我這邊無法承接。」剛開始大家不習慣，但久了，也開始尊重他的界線。

他不是變冷漠，而是他終於學會：溫柔，也要有分寸；善良，也需要被尊重。

當你什麼都不說，最後你就會不在對話裡

葉晉明沒離職，也沒翻臉。他依然是那個溫和穩重的主管，只是他終於在組織裡站回了自己的位置。他在該幫忙時

出手，但不再無底線付出；他懂得體貼，但也懂得設限。他後來在新人訓練時說：

「你可以為別人多想一點，但你也要記得替自己留個空間；你可以說沒關係一次，但不能永遠都沒意見。」

這場轉變沒有標語、沒有鼓掌，卻是他人生最重要的一步。他終於不是那個「永遠沒聲音」的支援者，而是那個願意說出自己感受，設下自己界線，活得有尊嚴、有位置、有分量的人。

Chapter 10

努力不是全部，策略才是關鍵

行動綱領表

主題：努力值得尊敬，但有策略的努力才有結果

行動目標	對應行為建議	日常練習提醒	請你避免的陷阱
分辨「做事」與「完成目標」	從「我今天做很多事」轉向「我今天是否接近目標」	每晚問自己：「我今天有沒有做對最重要的一件事？」	把行程塞滿卻忘了最關鍵的推進點
設定策略優先序	把所有任務分成：高影響／低耗能、高耗能／低效益，聚焦前者	使用「80/20 原則」：找出 20%關鍵任務帶來 80%結果	花最多時間在瑣碎枝節，忽略真正推進成果的核心
活用資源與合作	學會請求幫助、尋找資源、使用工具取代人力（如 AI、模板、外包等）	每週評估：「有沒有事可以委託、簡化、優化？」	什麼都自己扛，自以為努力其實效率極低
為每個目標設計路線圖	將目標拆解為階段性成果與可執行步驟，避免瞎忙或原地繞圈	練習撰寫：「我要達到這個目標，需要幾步？有哪些關卡？」	只有模糊願望、沒有具體路線，每次都是一頭熱開場卻無法完成
計算「努力的回報率」	思考「這件事我投入後，有沒有成長、收穫或擴張可能性？」	問自己：「這份努力是否值得重複？還是該修正策略或放下它？」	拚命投入無效戰場，不懂止損、不敢調整方向

小提示：

- 不是你不夠努力，而是你太習慣把執行當成勝利，卻忽略了路線是否對、成果是否能轉化。
- 成熟的努力，不只是拼，而是會問：「這樣做，對嗎？」

10-1 ｜你不是不夠努力，而是努力用錯了地方

當你很累，卻毫無成果，問題可能不在「努力」兩字

你是否曾經歷這樣的階段：早出晚歸、事情一肩扛，任務件件交、主管點頭笑，但升遷輪不到你、重要專案沒你名字、影響力也不見得提升？你懷疑自己是不是還不夠努力？是不是還要更積極一點、更加班一點、再多接一點事？

但現實殘酷地告訴你：「不是你不努力，而是你的努力沒用在『能被看見、能產生影響、能創造連結』的地方。」這不是否定勤奮，而是提醒你：如果努力的方向錯了，努力本身也可能變成一種浪費。

「努力」是一種投資，但要投對標的

職場中最常見的誤解之一，就是以為努力是公平的貨幣。只要你夠辛苦、夠認真、做最多的事，就應該獲得最多的回報。但實際上，職場更像是一個策略場：你把時間投注在哪些任務？你是否參與決策而不只是執行？你的貢獻是否被轉換成組織看得懂的價值？這些，才是決定你位置的關鍵。

你可能花很多時間處理日常雜務，卻從未主動提案；你可能完成了一百件任務，但沒留下可回溯的痕跡；你可能努力「配合所有人」，卻從不說出自己的判斷與想法。這樣的努力，就像把水澆在不會開花的地上，終究只能得來一片沉默。

頻繁輸出，不等於有效貢獻

許多上進的人陷入一種「高產出焦慮」：把每一件交辦事項當作 KPI 極限，急於完成、急於回報。他們相信只要量夠多、交件夠快，總會被看見。然而他們忘了：在資訊過載的環境中，只有「有邏輯、有轉譯能力、有系統思維」的產出，才能成為真正的影響。

你天天整理資料，但從不附上洞見與建議；你做完任務就轉身離場，從未在結案時留下觀察與可複製的框架。於是你完成了工作，卻沒有留下存在感;你被記住的，不是價值，而是「可以用、交得快、但不可少也無所謂」的角色。這樣的努力，只是讓你不會被開除，卻無法被升遷。

如果你一直「忙」，卻沒時間思考，那就是危險訊號

當你總是在埋頭做事、處理細節、忙著回應，而沒有空間去整合、回顧、提案，那你就像一個強壯的搬運工，背上

堆滿了任務與責任，但永遠走不進策略會議室。不是因為你不夠好，而是因為你從來沒被理解成「可以討論未來的人」。

這是職場最大的陷阱：你越能做事，越會被困在「只能做事」的位置上。

這時候，你要停下來問自己：

- 我這週的工作裡，有哪一件事產出了可複製的價值？
- 我有沒有提出讓人「願意參考」的建議或觀察？
- 我這個角色，是「任務執行者」，還是「思考者＋建構者」？

如果三題你都無法回答，那麼你的努力，很可能正在錯誤的地方開花。

真正有效的努力，是帶得走的資源與被記住的影響

你該練的，不只是「完成交辦」，而是建立你能創造什麼、擁有什麼、影響什麼。

你要：

- 在任務結束後，留下清楚的流程紀錄與改進建議；
- 在參與會議時，嘗試發表觀點，而不只是點頭或記錄；
- 在與主管溝通時，不只是回應「沒問題」，而是說：「我這邊的評估是……我建議……」

這些動作不會讓你立刻翻轉命運，但會開始改變你在人眼中的「角色定位」。當你的努力開始被包裝成價值、被定義為判斷，才會有人開始重視你、指名你、提拔你。

努力不是答案，用對才會變成力量

這個世界並不公平，但它有規律。勤奮是你生存的最低門檻，但能不能前進、被提名、留痕跡，靠的不是你做了多少，而是你做的方式是否有意識、有策略、有意義。

請你記得：別再用「苦勞」換「存在感」；真正被留下的，是你的影響力與可複製的價值。

你不是不夠努力，你只是太久沒抬起頭看看：你努力的方向，是不是正朝著你想要的位置前進。

10-2 ｜你不缺努力，缺的是方向感與策略性思維

光衝刺沒用，跑錯方向更糟

你有沒有遇過這種情況：每天加班、每週早起、做了滿滿 To-Do list，卻總覺得沒有實質推進；別人看你很拚，但你自己心裡知道 —— 我不確定這些事是不是對的，只知道不能停下來。

這不是你不夠努力，而是你沒有停下來問自己一句：

「我做的這些事，真的能帶我到我想去的地方嗎？」

方向錯了，跑得再快也沒有意義；做錯事做得再辛苦，也只是加速消耗自己。

策略是清楚知道「為什麼做、做什麼、何時停」

很多人一聽到「策略」就覺得好像很複雜，其實策略的本質只有三件事：

- 我為什麼要做這件事？（目的清楚）
- 我選擇做哪一種做法？（方法正確）
- 這做法有效嗎？什麼時候該換方向？（回饋調整）

當你願意在每件事開始前先思考這三個問題，你就比90%的盲目努力者多了一種叫做「精準」的東西。

缺策略，努力就像倒水進沙子裡

沒有策略的努力，會讓你：

- 忙很多事，卻沒有累積感
- 做很多苦工，卻得不到提拔
- 投入很多時間，卻無法放大結果
- 看起來很熱血，其實內耗又失望

這不是因為你沒能力，而是你沒有機制。你用蠻力攻破不了體制，用心力撐不起沒有節奏的長跑。

你以為別人成功是天份或幸運，其實他們只是比你早建立一套策略性思維。

給你一套實用的策略問句

你在執行任何任務前，可以練習問自己：

- 這件事跟我的目標有多直接相關？
- 有沒有更有效率的方式能做這件事？
- 我是不是重複在做低效但熟悉的事？

- 我為什麼一直做這件事，是習慣？逃避？還是錯估價值？

把這幾個問句貼在工作桌上，作為你日常行動的過濾器。

最強的人不是努力最多，而是選擇最準

不要再花一整天做 10 件「忙」的事，卻沒推進 1 件重要的事。

選準、做對、修正，這才是策略。

努力不是你最稀缺的資源，清楚思考和果斷行動才是。

你已經夠拚了，現在該讓你的努力有方向、有節奏、有回報。

10-3｜再努力也沒用，因為你一直在錯的人面前證明自己

有些努力之所以沒回音，是因爲對方從不打算聽你說話

你是不是曾在某個場域中用盡全力、付出所有，卻發現對方根本不在意？你想要被理解、被認可、被肯定，於是加班、補位、壓抑情緒，只為換來一句「你真的做得很好」。但現實是，這句話始終沒出現。不是你不夠好，而是你把「想被誰看見」的對象選錯了。

有些人從來不打算聽你說完，有些主管永遠把功勞歸給別人，有些親密關係裡的對象，無論你怎麼付出，他只會覺得那是理所當然。你不是沒價值，而是你一直在一個無法承接你努力的系統裡，苦撐著存在感。

當你把認可寄託在錯的人身上，會陷入永遠不夠的輪迴

努力本身不痛苦，痛苦的是你將自我價值綁定在一個永遠無法回應你的人身上。你希望某個主管說一句肯定、希望某段關係回報一點溫度、希望某個團隊終於看見你的存在。

你一直努力，是因為你不想承認：對方其實從來沒打算給你那句話、那個機會、那份在乎。

你不敢放棄，是因為你覺得一旦放手，自己過去的努力就白費了；你不肯轉身，是因為你還妄想有天他會懂。但你沒發現，這份期待本身就是一場單向的內耗。你不是在證明自己，你是在不斷地討好一個不會回應你的人。

該回到自己面前問：我值不值得這樣對待自己

你一直加倍努力，目的是什麼？你要讓對方看到你其實很能幹？讓他知道你並不是沒價值？但請想想：如果你需要用超出常理的努力去證明自己，那麼這個人真的值得你證明嗎？

一段健康的關係或合作，是在你還沒做到 120 分時，就有人看見你的潛力；是一句「你做到這樣已經很棒了」，而不是「你還可以再加加油」。當你被迫不斷證明自己，某種程度上，你已經在這段關係中被否定了。

證明不該是你存在的前提，而是你價值的延伸。你該問的不是「我要怎麼讓他看見我」，而是「為什麼我非得被他看見不可？」

一直在錯的地方尋求肯定，你會錯失真正懂你的人

很多人都曾為了一個不懂自己的上司、家人或伴侶，用盡全力去「達到他的期待」。但這樣的努力，不僅耗損自己，還會讓你錯過真正欣賞你、認同你、願意與你合作的人。

你可能沒意識到，真正值得你花時間證明的對象，是那些能看懂你過程、在乎你價值、不讓你委曲求全的人。你可以把努力用在對的合作、對的關係、對的組織裡，而不是用在對抗一個從來不在乎你的人。

你不能控制誰喜歡你，但你可以選擇把能量投入在能夠回應你的人事物裡。

真正的證明，是你過得好，不是你證明給誰看

有一天你會明白，真正的成熟不是拚命改變自己去討好誰，而是你活出自己的節奏、創造自己的價值、讓自己站在正確的位置上。那不需要對誰喊話，不需要寫滿功勞表、不需要苦撐等待理解。

你只要過得自在、有選擇、有立場，那就是對過去那些不懂你的人，最安靜有力的證明。

不是你不夠好，是你該收回那些給錯對象的努力。

從今天起，把努力用在值得你的人身上

別再試圖讓錯的人看見你，別再把自我價值綁在錯誤的觀眾眼裡。你不是為了被肯定而存在，而是本身就有價值。

你值得被理解，而不是被要求你不停解釋；你值得被看見，而不是被要求你不停證明。當你把努力從「討好與證明」中抽出來，轉向「創造與選擇」，你會發現 —— 你本來就夠好，只是該走對方向而已。

案例故事

一場爲錯誤對象拼命的努力，怎麼讓她失去了自己
—— 行銷主管林韋如的職場失衡與自我重建

起初，她只想讓主管看見她的價值

林韋如，35 歲，是一家品牌顧問公司的資深行銷主管。她進公司第五年，業績從未落後，提案數總是排名前三，是老闆口中「穩定的核心戰力」。

她不是那種特別外放的人，平常少說話、很少爭功，但每次只要有急案或重案，第一個跳出來支援的，總是她。她不只是能做，更是會幫人收尾的人 —— 專案後期誰沒交報告，她補；簡報當天誰沒準備好，她幫著調整排版。久了，團隊裡的人都說：「有韋如在，事情就穩了。」

她從不覺得這樣有問題，甚至有點自豪，覺得自己是能撐得住壓力、能解決問題的「靠得住的人」。

她只希望，有一天老闆能真正看見她、提拔她、給她更多策略層級的參與權。她不是為了表現，而是為了被信任。

但努力越多，反而越被忽視

真正讓她開始動搖，是那場團隊重整。

公司開始打算設立品牌策略部，需從現有主管中提拔一人擔任「策略領導者」。她原以為這是她絕佳的機會 —— 她熟悉市場、能寫企劃、也具備跨部門協調經驗。

但結果出來時，老闆選擇的是一位剛進公司兩年的男同事 Allen，一位擅長簡報、口才極佳、擅長「在對的場合講對的話」的人。

韋如當場沒有說什麼，只是在會議結束後回到座位，靜靜關掉了桌面上打開的簡報草稿。那份簡報，是她原本預備主動提案的 —— 關於下一季的品牌策略路線。

她那一刻才明白，原來自己這些年所有的加班、補位、配合與埋頭苦幹，根本沒讓她被放進那個「可以提拔」的名單裡。

她想證明自己，但證明的對象根本沒在看她

隔天，她約了老闆談話。她很理性地詢問：「我想知道，我在公司目前的發展空間大概是什麼方向？」老闆說了一段很溫和的話：

「妳一直都很穩定，任務交給妳我從來不擔心；妳是那種任何團隊都需要的人。但策略領導者，未來要對外代表公司、帶新客戶、參與決策場合，所以我選了 Allen，他比較有發聲力。」

那一刻，韋如的內心像是被什麼抽空了。

她不是不理解這個決定，但她不能接受——原來她所有的努力，只換來一句「你很穩定」，而不是「你可以再上一層」。

她這些年一直想證明：「我是有能力的，我值得更高的位置」，但她錯估了一件事——老闆從頭到尾只想要她穩，不想要她升。

她不是沒能力，而是努力放錯了對象

接下來幾週，她開始出現疲憊感。以前接到緊急任務她會第一時間補位，現在她會停頓幾秒再回；以前她會幫同事調整簡報、修改提案，現在她會說：「你可以先試著寫，我晚點再看。」

她不是變得冷漠，而是開始明白，一直為錯誤的對象證明自己，只會讓她把力氣用光，還沒人記得她做過什麼。

她第一次回看自己的職涯筆記，發現自己有太多案子裡名字沒出現在主提名單，有太多功勞默默被上層「代表團隊」帶走。

那晚她在筆記本寫下一行字：

「我不是要變得強硬，我只是要停止對不會回應的人拚命證明自己。」

她開始收回能量，為自己打造新的舞臺

從那天起，她重新調整了策略。

她不再主動接下模糊又高耗能的協助任務，而是將重心放在建立「可被辨識的個人專業」上。她開始經營內部專案觀察文，每週固定分析某一品牌行銷手法，分享在內部群組。她開始向外發聲，投稿行銷媒體專欄、參加品牌沙龍，讓公司以外的人也看見她的觀點。

幾個月後，她收到一封來自一間新創品牌的合作邀約，對方說：「我們看到妳寫的那篇關於臺灣本地品牌行銷轉型的文章，很有洞察力，我們想跟妳談合作顧問案。」

她第一次明白，原來當你不再只是為「內部認可」證明自己，外部世界會開啟更多門。

努力不是錯，但請選對你要證明的方向

林韋如後來離開了原本的公司，成為一家獨立品牌策略顧問的核心成員。她沒有變成另一種人，她只是把所有想證明的努力，從一個「不會給你舞臺」的觀眾，轉向了那些真正看懂你能力的人。

她說過一句話：

「我不是要證明我有多厲害，我只是不要再用我的全部，去打動一個根本沒在看的對象。」

這世上最無聲的痛，是努力很久，卻證明給錯人看。

而這世上最有力量的醒悟，是你終於不再把自我價值，交給任何一個無視你努力的人。

Chapter 11

上場不是要爭，
是要讓自己有位置

行動綱領表

主題：你不上場，就永遠只是觀眾；

你不表態，沒人會替你爭位置

行動目標	對應行為建議	日常練習提醒	請你避免的陷阱
認清「不上場＝被邊緣」	在會議、活動、社群中，練習開口說出觀點、舉手參與、貢獻想法	每週至少一場景主動發聲一次：「我想補充／我有一個建議」	因為怕被誤會「愛現」而什麼都不說，變成背景人
練習健康地「爭」	把「爭」當作是為自己表態，而不是打壓別人；是站上位置，不是踩住別人	練習說：「這件事我願意承擔／我有經驗處理這類型問題」	用「沒差、你們決定就好」來逃避責任與存在感
建立「我有立場」語言力	練習說出自己的界線、主張與想法，用有自信的語氣而非道歉式表達	避免用「我不知道這樣說會不會太多……」改為「我的看法是這樣……」	每次開口都先道歉、自我縮小，讓立場變得不明確
搶占自己的專業位置	在群體中建立「這件事找你就對了」的領域認知，例如特定技能、觀點或解決能力	練習在提案或表達時加入：「我常處理這塊，這是我建議的方向」	謙虛過頭，讓人不知道你其實具備處理權與經驗

行動目標	對應行為建議	日常練習提醒	請你避免的陷阱
主動標記自己的貢獻	不只是做事，還要學會呈現與提報成果，讓價值被看見與記住	每週回顧：「這週我做了什麼被誰知道？如何幫我建立信任或機會？」	「我有做，但我不想說」的沉默美德，導致錯失成長機會

小提示：

- 上場不是為了搶鏡頭，而是為了站穩自己的舞臺。
- 你可以不爭輸贏，但不能再默默退出你該在的位置。

11-1 ｜你不開口，別人不會知道你想要什麼

沉默，往往不是美德，而是隱形的開端

在職場與關係中，太多人誤以為沉默是圓融，是尊重。但現實是，你的沉默往往被解讀成沒意見、沒貢獻、沒價值。你越是不出聲，別人就越不會知道你存在什麼立場，進而將你從任何重要的對話與決策中排除。你以為你在維護和平，其實你正在失去自己的位置。

別讓安靜成爲你價值的隱形斗篷

很多人努力工作、默默承擔，卻從不提起自己的貢獻，生怕別人覺得自己愛出風頭。但你不說，別人就不會知道；你不主動表達，你的價值就永遠無法被完整看見。表態不等於高調，而是為自己的努力爭取應得的空間與尊重。

世界不缺沉默者，缺的是有立場的聲音

在會議中，你每一次的安靜都在告訴主管：你沒想法；在朋友之間，你的配合被理解為：你無所謂。久而久之，你

成為那個『沒有意見』的人。真正成熟的發聲，是有條理、有態度，不是吵鬧、也不是搶話。它是一種自我價值的展示，一種『我在這裡』的姿態。

你不講，別人會替你決定位置

職場上，誰發聲、誰主導，就會被視為領導或重要角色。如果你總是退讓、沉默、說『你們決定就好』，別人就真的會把你排除在影響圈之外。不是你沒資格，而是你讓別人誤以為你沒打算參與。

你要的是尊重，不是忍耐換來的體諒

太多人誤把退讓當作成熟，把安靜當作高情商。結果呢？不是被記得是理性，而是被當成無需回應的背景板。真正的尊重，不是你多體貼，而是你能清楚表達自己的底線與立場，讓人知道你有分量、有角度、有想法。

如何練習發聲，不撕破臉也不再隱形？

你可以從以下三個策略開始：

一、練習在每場會議中說出至少一句觀點；

二、遇到需要決定的事時，主動說出你的選擇與原因；

三、為自己想要的位置與角色設計語句，例如『我願意主導這段內容』或『這是我的專業領域，我有處理經驗』。這些話不是爭功，是表達承擔。

從安靜參與者到有力的角色建立者

當你開始有意識地主張自己，別人就開始重新定義你的位置。你不再只是那個乖巧的執行者，而是團隊中有洞察、有意見、有判斷力的成員。這份聲音會讓你從旁觀者走到主角圈，從配合者走到參與者。

11-2 ｜你總是怕被討厭，卻沒想過你也值得被尊重

那些你爲了不被討厭而吞下的，最後都成了別人對你理所當然的期待

你是不是常常說「好啊，沒問題」，其實內心已經疲憊不堪？你是不是總點頭微笑，明明話中有刺卻選擇不反擊，只怕場面難看、關係破裂？你是不是曾為了維持和諧，明明被傷害了，卻還反過來安慰對方說：「我沒事，真的。」

這樣的你，不是沒情緒，而是你太怕被討厭了。你用微笑遮掩不滿，用配合換來和平，久了，連你自己都忘了，自己也是一個需要被顧及、被理解、被照顧的人。

你努力當一個「不惹人厭」的人，卻沒發現，當你把自己壓到最小，別人也會習慣把你看得最輕。

過度迎合，不會讓人喜歡你，只會讓人忽略你

有些人會因為你的好相處而喜歡你，但更多人會因為你「不會反擊、不會計較、不會說不」而利用你。你以為「讓自己沒有立場」就可以降低衝突，其實這樣做只是在默默向世界宣告：「我的需求不重要，你們可以優先。」

你願意讓，但你不能無限讓；你可以配合，但你不該沒有界線。如果你總是在考慮別人的情緒、預設別人的需要，而從不問問自己：「我呢？」那麼時間久了，你會發現別人根本不會問你：「你還好嗎？」

因為你早就用一貫的好脾氣，訓練他們不用在意你。

尊重不是爭來的，但你必須先給自己一個底價

真正的尊重，不來自你多退一步，而來自你敢說：「這是我的界線」、「我能接受到這裡為止」、「請不要用這種方式和我說話」。這不是挑釁，而是一種情緒主權。

當你從來不設定限度，對方自然不會幫你設限；當你總是沉默吞下所有情緒，別人自然不會察覺你也需要被理解。你越怕被討厭，就越會失去被尊重的可能。

請你記得：你不需要被所有人喜歡，你只需要讓該喜歡你的人，看見你真實的樣子，而不是一個過度壓抑、扭曲、自我犧牲的影子。

討好是你的習慣，不是你的命

很多人說自己是「怕衝突的人」、「不會拒絕的人」、「個性溫和」，但其實，這些不一定是天生的性格，而是長期處在不安全關係裡，養成的一種求生模式。

也許你從小被教育「不要頂嘴」、「做個乖孩子」，也許你曾在關係中被責怪「你這樣讓人很難過」，於是你開始壓抑、退讓、討好，只為了「不讓人失望、不讓氣氛變差、不讓自己被排擠」。

但你現在不是小孩了。你有能力、有立場、有資格重新定義什麼才是健康的互動、什麼才是對自己負責的關係模式。

你可以溫和，但不必委屈；你可以善良，但不該成為犧牲品。

當你開始說「我不同意」，你的世界才真正開始尊重你

真正的轉變，從一次清楚的回應開始。那可能是第一次你在訊息中回覆：「我現在不方便，請下週再談」；第一次你在會議中補充：「其實我有不同觀點，可以提供參考」；第一次你在關係裡說：「我願意配合，但我也希望被理解。」

這些話不會讓你失去朋友，反而會幫你篩選出那些真正懂你、重視你的人。你不再是那個只會微笑點頭、只會說好、沒有自我輪廓的人，而是一個有聲音、有選擇、有尊嚴的人。

請停止怕被討厭，開始練習怎麼被尊重

這個世界永遠會有人不喜歡你，不管你多麼溫和、多麼認真、多麼努力；但當你因為怕不被喜歡而犧牲自己，最後你會連自己都討厭自己。

你不需要改變自己讓所有人滿意，你只需要建立界線、清楚表態、溫柔地堅持自己的底線。

當你停止討好世界，世界才會開始學著怎麼跟你平等相處。

11-3｜你一直當配角，是因為你怕成為焦點

你不是沒能力當主角，而是你怕被看見之後得負責

有些人不是沒有才華，也不是沒有領導潛力，而是當聚光燈照向自己時，反而感到壓力倍增。他們習慣在團隊中「補位不搶位」，習慣當那個默默撐住流程的人，而非站上臺說出最終結論的那個人。因為他們心裡總有一種不安：「如果我走到最前面，那就表示我要對結果負責、要承擔批評、要被檢視。」

這種對「焦點位置」的恐懼，讓許多人甘於在角落貢獻價值，不爭、不顯、不露臉。他們不是沒想過上場，只是過於在意「萬一我撐不起怎麼辦？」結果就是，他們總是陪跑，永遠是那個「也很努力但不是關鍵」的人。

當你習慣當配角，別人也就不會想像你能扛主角的戲

長期自我壓抑的結果，是你的人設被固定了。你可能非常穩、非常會收尾、很有責任感，但這些形容詞在體系裡，往往被理解為「支援型角色」。而你越是展現這樣的特質，別人就越難想像你會主導一場戰役。

換句話說，你不是被外界否定，而是你一直用行為默默地告訴大家：我不是主角的料。

很多升遷會議上的遺珠，正是那些「很好用、很配合、從不出錯、但也沒什麼主張」的人。不是因為他們不夠強，而是因為他們從未試圖在舞臺上扛下整齣戲的敘事權。

你怕的不是焦點，而是焦點帶來的風險

成為主角意味著承擔，意味著你的決定會影響他人、你的錯誤會被放大、你的選擇會被議論。這些風險，是許多人選擇「躲在幕後」的理由。他們寧可做那個讓人放心的副手，也不願被放到第一線接受挑戰。

但請問自己：你真的怕風險，還是你只是還沒建立面對失敗與不完美的能力？

焦點本身不會傷人，真正傷人的，是你一直把焦點等同於壓力、等同於批判、等同於「萬一做不好我就沒價值」。你對錯誤沒有足夠的容忍度，你對自我價值的定義太脆弱，這才讓你在該站出來的時候選擇退場。

如果你不嘗試主導一次，你永遠不知道你能站多高

很多人說自己「適合當輔佐角色」，但那往往只是他們從沒真正扛過整個局。他們沒真正領過一個團隊、帶過一場策

略、對過一次關鍵會議。也許他們有實力，但因為從沒站上第一排，就永遠無法練習扛責任、定方向、撐節奏。

而真正的領導力與主角力，並不是你一站上就會，而是你要敢站上一次，從混亂與焦慮中慢慢練出肌肉。你越晚走到中央，越難建立影響力；你越習慣低姿態，越難突破角色定位的天花板。

你必須開始主動承擔一段對話、一次提案、一次會議領導、一次跨部門協調。因為只有當你真的主導過一次，你才會知道你能夠多有力量。

成爲焦點，不是爲了取代誰，而是爲了不讓自己再消失

你可以有主角的分量，而不需要喧嘩；你可以成為焦點，而不需要搶戲。主角不是最高調的人，而是最有方向、最有責任感、最能整合資源與聲音的人。你之所以應該學會站上前線，不是為了贏，而是為了讓你不再只是「輔助者」、不再只是「配合者」，而是一個可以改變走向、創造影響、留下痕跡的人。

不要再等別人給你機會上場，因為沒有人會給「不敢主動舉手的人」太多可能。

從今天起，請練習成爲你人生的主場主持人

你不是天生只能當配角，只是你還沒習慣承擔主角該有的能量與姿態。請你從一次發言、一場簡報、一個負責人的機會開始，站出來、說出來、承擔起來。你不會完美，但你會慢慢成為一個更強壯、更有聲音、更有存在感的人。

你值得被看見，而不是永遠幫別人打光。

請你練習習慣被看見，並且不再為此感到抱歉。

案例故事

她什麼都不搶，最後卻被留在原地 ——
一位資深專員的沉默努力，與失落的升遷時刻

她從不爭功，只希望自己「做得好就會被看見」

王靖文，42 歲，是一家大型連鎖企業的總部專案統籌。她在這家公司服務了 13 年，穩定、負責、準時，從未出過任何紕漏。部門內多數制度與 SOP 都是她一手建立，她甚至協助過三任主管完成跨部門整併，是許多新人眼中的「內部聖經」。

她不愛發言，不愛爭辯，對同事客氣有禮，對主管要求從不說「不」。每次升遷、考核、內部調整時，她都告訴自己：「沒關係，我只要把事情做好，主管會知道我有多重要。」

她相信：真正的價值，不需要大聲，只需要穩定地在。

但在升遷名單上，永遠看不到她的名字

兩年前，總部開設一個全新「區域整合經理」職缺，原本大家都認為靖文是最適合的人選。她熟悉制度、能跨部門協調、內部人脈深，還有最完整的專案歷程資料。

結果公布那天，中午在內部群組出現了一行公告：「恭喜業務支援部的陳柏源升任區域整合經理。」

靖文看著手機螢幕，沉默了許久。那位陳柏源，進公司三年，擅長簡報、口才好、人脈廣，時常主動請纓提案、帶會議節奏、向上報告時信心十足。

她沒說話，也沒有表現出任何失落。只是會議結束後，她一個人坐在茶水間，把自己那本整理好的「區域制度彙整資料夾」收進抽屜，蓋上蓋子。

沒人真的否定她，只是她從未讓人「想像她能當主管」

主管後來來找她，語氣誠懇地說：「靖文，這次妳可能覺得遺憾，但妳真的很重要，我們這個體系少不了妳這樣的支柱角色。」

她笑笑地點頭，心裡卻產生了劇烈的空洞感。

她很清楚，這不是能力問題，而是「角色想像問題」。主管從未在心裡把她放進主導角色的可能性名單裡。她的表現被歸類為「優秀執行者」，但不具備「策略主導者」的形象。

為什麼？因為她從不說「我來提一個方案」，從不主動在跨部門會議裡發言，也從不在關鍵節點裡爭取自己的觀點。

她不是沒聲音，而是她從不讓人記得她的聲音。

她開始懷疑：我的謙讓與配合，換來的是什麼？

靖文開始重新審視自己的選擇。她想起自己曾一次次補完同事的未竟之事，從未掛名；她曾協助主管修改提案到深夜，卻從不主動提報貢獻。她習慣讓給別人舞臺，卻也因此錯過每次被看見的機會。

她不是沒有意見，只是覺得：「說出來好像太多了」、「我沒那麼厲害，不需要爭」、「只要團隊好就好」。

但她後來明白，當你不主張自己，別人不會幫你說；當你選擇一直當配角，組織就不會讓你當主角。

她開始第一次，在會議中說出：「我有一個不同想法」

半年後，公司進行第二階段制度調整。她不再只是記錄者，而是主動開口說：「我在實務操作中觀察到一些問題，我有一個改善方案可以分享。」

那次，她第一次自己報告、自己提案，並在主管面前站了整整二十分鐘，清楚地說出她的看法、設計邏輯與預期成效。

會議結束後，有同事悄悄說：「靖文姐妳其實一直很懂，只是我們從沒聽妳講那麼清楚過。」

那天她走出會議室的步伐，比她在這家公司 13 年任何一次，都來得穩重且清晰。

你什麼都不搶，別人就以為你什麼都不想要

王靖文後來沒有立刻升遷，也沒有改變性格。她依舊溫和、內斂，但她學會了適時說話、主動表達、劃出存在感。她不再默默讓位，而是學會在適合的位置上，站出來。

她不是從配角變成主角，而是終於承認 —— 我也值得有名字、有位置、有舞臺。

她說過一句話：

「不是我不行，是我太久沒說『我願意站上來』。」

你也是。你不缺能力，只是太習慣退後。

請記得：你不搶，別人就不會讓。你不說，你就永遠是背景。

請你學會站上來，哪怕只有一次，也足以改變你的位置。

Chapter 12

差一點，
其實是差一條界線的決心

行動綱領表

主題：你不是不行，是你從未堅決地說「夠了」

行動目標	對應行為建議	日常練習提醒	請你避免的陷阱
界線要具體，而不是感覺	明確界定你不能接受的底線行為（遲到、言語越界、情緒勒索等），用行為來說明	寫下「我不再接受 _______，再出現我會 _______」	心裡知道不舒服卻無動作，讓對方繼續試探
事前設好應對句型	為每一種會越線的場景設計好臺詞，避免當場語塞或又忍過去	練習說：「我很在意這一點，下次如果再發生我會離開／停止合作」	當下笑著過去，事後懊悔、累積情緒爆發
不再補別人沒做完的責任	停止總是替他人擦屁股、補位，開始讓責任回歸該負責的人	遇事練習回應：「我相信你可以處理，這應該是你的責任範圍」	習慣當好人，自動跳出支援，讓自己越做越累
情緒界線≠自私	當你拒絕不合理要求、保留私人空間時，不需要解釋太多，界線本來就不是討論題	回應句型：「這對我來說很重要，所以我需要這樣做」	拒絕後急著補償、怕對方誤會，界線形同虛設

行動目標	對應行為建議	日常練習提醒	請你避免的陷阱
停止給「再一次機會」	一而再、再而三的讓步只會讓人以為你不認真，設下最後期限，並落實後果執行	寫下：「如果對方再做這件事，我會 _____，並真的去做」	說了一次又一次「這是最後一次」，卻次次讓步

小提示：

- 你不是做不到，只是你沒給自己真正收回決定權的允許。
- 界線不是分裂關係，而是為關係設限、為尊重劃界、為自己定義底價。

12-1 ｜你不會輸在條件，而是輸在沒有狠下決心

成功與平庸的分界，從不是才華，而是意志力的界線

許多人總以為，自己之所以「還沒成功」、「還在原地」，是因為資源不夠、人脈不廣、背景不好。你看著那些走在你前面的人，說：「他有靠山」、「他口才比較好」、「他剛好遇到機會」，但你沒看到的是——在你還在觀望、權衡、遲疑的時候，那些人早就不問代價地跳下去了。

不是你不聰明，而是你太猶豫；不是你沒機會，而是你不敢冒風險。真正的差距，從來不是背景條件，而是一個人願不願意扛下「改變」這件事的重量。

你總以為還有明天，卻不知道自己已經錯過多少「今天」

「我再準備一下」、「等狀況穩一點」、「等有空的時候再說」——這些話看似合理，實則是延遲人生主控權的自我麻痺。你不是沒能力，而是沒狠下心對自己說：就今天開始。

你一直在等「最好時機」才要動手，結果永遠只有兩種：

一是別人搶先動手；二是你自己也忘了當初想做什麼。

而那些你以為「條件比你好」的人，其實也一樣不穩、不確定、有懷疑，只是他們選擇相信：「先做再說，再錯也比什麼都不做強。」

真正的差距從來不是資源，而是時間用了多少、力氣丟得多重、能不能下決定那一刻把自己推出舒適圈。

所謂「差一點」，
通常不是運氣，而是你沒選擇承擔

你曾錯過多少次機會，不是因為你不夠格，而是因為你問了太多「萬一」。萬一被拒絕怎麼辦？萬一失敗怎麼辦？萬一我沒準備好怎麼辦？

於是你選擇不投履歷、不舉手發言、不爭取升遷、不主動提案。你把「謹慎」當成安全感，把「不動」包裝成穩定。

但你沒發現，你之所以沒有進展，不是輸給別人，而是輸給「不敢賭一把的自己」。

那些表現不一定比你強、經驗也不一定比你多的人，之所以走上去了，是因為他們比你多了一個信念：不管風險多高，先做了再說。

決心不是情緒激動，
而是一次一次自我對賭的紀律

你也許曾在某個夜晚痛下決心，隔天就想放棄；也曾信誓旦旦報名課程、開啟計畫、寫下目標清單，卻在兩週內全部歸零。那不是你懶惰，而是你誤會了「決心」的形式。

真正的決心不是短暫熱血，而是冷靜地、重複地、堅定地做一件事直到結果出現。

它不需要鼓舞人心的語錄，只需要你每天早上打開文件、回應郵件、修改提案、完成當日任務。

它不是某一次壯烈的突破，而是你在一百次想放棄的時候，告訴自己：「我不想輸給這個念頭。」

而大多數人不是敗在能力太差，而是每次鬆手時都告訴自己「沒關係，這次先放過」。

每一次不決定，
都是再多延後一次讓自己翻身的機會

你明明知道想要轉職、換跑道、開專案、做品牌、學技能，但你就是沒有動。你不是真的不想成功，你只是沒真的想成為那個為結果負責的人。

所以你一直讓別人決定你的人生節奏——上司說什麼你就接什麼、家人說先穩定你就不換、朋友沒支持你就不開始。

你用外界的反應當作不行動的藉口，卻不願對自己坦白：其實我只是還沒下定決心承擔後果。

可惜的是，決心這東西，誰也給不了你。它來自你對自己命運主控權的強烈宣告：「我不能再等了，這次我要為我選擇。」

你與想要的生活之間，只差一個夠狠的選擇

這世界上沒有完美的起點，也沒有萬無一失的路線。你不需要等條件都對了，才開始；你只需要做一件事：對自己誠實，並下決心撐到底。

你輸的從來不是條件，而是你沒對自己負責到最後一哩路。如果你願意為結果承擔，那麼從今天開始，你就是改變自己人生的人。

不是因為你天賦多好，而是因為你終於下了決心，這次，不再退讓。

12-2 ｜你以為是等機會，其實是你在逃避改變

「等一下」聽起來溫和，實際上是讓你停在原地最有殺傷力的藉口

「現在不急，之後有機會再說。」「還不確定方向，等時機成熟一點再來。」這些語句充滿理性，聽起來像是謹慎的選擇，實際上卻可能是逃避的偽裝。你明明早就知道自己不滿現狀、不想再原地踏步，但你告訴自己：「再等等吧，也許再觀察看看。」

你不是在等機會，你是在說服自己不用立刻行動，以便可以暫時逃離那個改變所帶來的未知與風險。只是這樣的等待，不會讓你更穩，反而讓你更無力。因為真正的機會，從來不是等來的，而是在你決定行動後才會出現的副產品。

你以爲的「等待最好時機」，常常只是「拖延面對現實」

人性討厭改變，因為改變意味著重新學習、暴露脆弱、承擔風險。比起這些挑戰，多數人寧可選擇「現況雖然不好，但至少熟悉」。所以你用「時機還沒成熟」當擋箭牌，讓自己可以名正言順地不跨出第一步。

你不是不知道自己該離職、該拒絕、該嘗試、該表態，只是你習慣了讓「等一下」幫你拖住真正的行動。你把等待當安全帶，卻沒發現它同時也是剎車器。

機會往往不會等你準備好才來，它出現在那些願意不完美也先上場的人面前。你等的，不是時機，而是勇氣。

改變不是一瞬間的爆炸，而是一連串微小但不逃避的選擇

很多人以為，改變是一場轟轟烈烈的轉身：離職、創業、告白、搬家。但其實，真正的改變，從來是那些日常中你終於不再對自己說謊的瞬間 —— 你不再假裝很滿足、不再附和你不同意的話、不再把別人的需求擺在自己前面。

當你不再用「再看看」包裝「不想面對」，當你開始說：「我現在就做一點什麼試試看」，那就是你與改變之間最實際的起點。

不是每個人都能立刻翻轉人生，但每個人都能選擇不再繼續原地等待。

等待機會，其實是你把主控權交給外部環境

「我要等主管注意我」、「我要等市場成熟」、「我要等有時間、有資源、有夥伴」—— 這些等待的背後，其實是你把人

生的決定權交給別人。你等別人開口、等外部條件允許，才敢動一步。

問題是，這個世界從不會自動把最好的一塊遞到你面前。你若不自己爭、自己創造、自己啟動，那麼別人只會認為你沒準備好。

真正的主控權，是當你明知道條件還不完美，仍然選擇先行動，然後在行動中修正、在錯誤中調整、在回饋中成長。

你等的是別人發球，但改變本該是你先開球。

真正跨出第一步的人，都明白一件事：不開始，永遠沒結果

想換跑道的人，永遠寫不完的履歷；想自媒體創作的人，永遠在調整開場設計；想學新技能的人，永遠在找「最完整的教學資源」——但最終，他們都沒有啟動。

因為真正阻擋他們的，不是外在資源，而是他們無法承認自己「其實只是不敢改變」。

而那些已經開始的人，不一定比你更準備好，只是他們不再等完美。他們明白，只要起步，每天能走一點、修一點、補一點，最後就能疊出真實的進展。

別再用等待美化自己的不行動。你若不啟動，所有可能都只是想像。你的改變，只會從「現在」這一刻開始。

你不是沒機會，而是你不敢開始第一步

不要再說你在等機會，其實你是在等「一個不需要冒風險的改變」—— 但那是不存在的。

每一場真正有效的轉變，都來自一個人對自己誠實地說：「我不能再等了。」

你不用完美才開始，你只需要停止逃避，開始嘗試。改變不是大張旗鼓的宣言，而是你每天做一次跟過去不一樣的選擇。

從現在這一刻起，請你勇敢往前走一步，然後不回頭地堅持下去。

12-3｜你不是沒選擇，而是從沒真的選過自己

「別人說了算」的習慣，是你習得性無力的根源

你是不是習慣問：「你覺得我這樣好嗎？」、「我是不是不該這樣做？」甚至在最私人的選擇上，也要看別人的表情與語氣，才能決定接下來的步伐？你不是不知道自己想要什麼，而是你不敢選擇，因為你怕選錯、怕後果、怕承擔。

久而久之，你活成了別人期望的樣子 —— 爸媽眼中的乖小孩、上司喜歡的配合員工、伴侶期待的溫柔角色。你看起來很順，但內心早已無聲崩塌。因為你的人生雖然還在運作，卻早就不是你自己的。

你不是沒有選擇，而是你總放棄那條「忠於自己」的路

你曾有過無數次選擇機會 —— 那次可以勇敢表白、那份更符合志趣的工作、那場該結束的關係。你知道自己該做什麼，但你每次都選了別人期待的答案。因為你怕傷害、怕衝突、怕失敗，也怕自己一旦選擇，就要承擔全部結果。

你以為那是成熟，其實只是你習慣讓世界替你決定。

這種不選擇的選擇，看起來像是在保守風險，實際上是在放棄自己。你不再練習表達需求、不再相信自己的判斷，最後，你連自己真正想要什麼，都開始模糊了。

當你沒爲自己做決定，你就會一直活在「被選擇」裡

你的人生不是你想的那樣無路可走，而是你總讓別人為你決定方向。你怕說「我要這樣」，因為你怕別人問：「你憑什麼？」

但你不知道的是，真正讓你累的，不是壓力本身，而是你明明有選擇，卻永遠不選自己。你為了讓別人好過，讓自己難受；為了讓關係繼續，讓原則退後；為了不讓人失望，把自己放在最後一順位。

你一直在妥協，但妥協多了，就會忘了自己原本想成為誰。

你眞正缺少的，是「敢把自己放第一」的勇氣

你想轉職，但又怕家人擔心；你想拒絕，但又怕被說自私；你想說出真話，但怕別人失望。每一個決定你都知道該怎麼選，只是你沒有勇氣說：「這一次，我想選我自己。」

因為從小我們被教導要乖、要體貼、要顧全大局，久了我們以為：只要照顧好大家，自己自然會被照顧。但你後來

會發現，不主動說出自己的選擇，沒有人會替你留位置。

選擇自己，不是背叛別人，而是你終於明白：你值得被自己認可。

每一次選擇自己，
都是一種情感上的重建與自我尊重

有一天你會知道，那個真正改變你人生的瞬間，不是你等到了誰的理解，而是你終於理解了你自己。你終於懂得，不需要所有人都同意、不需要每條路都完美、也不需要當下就有掌聲，你只需要對自己說一句話：

「我知道這是我想要的方向，即使我會怕，我還是要走。」

這不是魯莽，而是你對自己命運的負責。你要開始練習在沒有任何人肯定的時候，先選擇你自己，然後一步步活出配得感、主導感與自由感。

停止等別人決定你的人生，
從今天起，請你選你自己

你不是沒選擇，而是你總怕後果太重、聲音太大、角色太多。

但你該問的不是：「這樣選會不會出錯？」而是：「我願不願意為我自己活一次？」

你這輩子會有很多任務、很多身分，但你最重要的角色，永遠是「自己的選擇者」。

從今天起，請你練習選自己、挺自己、保護自己，然後堅定地走向你想要的那條路。

不是為了證明你多勇敢，而是為了終於不再委屈。

案例故事

她一直說沒差，最後卻連選擇的權利都沒了
—— 配合久了，她忘了自己原本也有選擇

起初，她只是想讓一切不要太麻煩

林佳宜，37 歲，是一家外商保險公司的內部專案管理員。進公司十年，她從來不是最亮眼的人，但卻是大家最依賴的人。公司內部有句玩笑話：「有佳宜在，任何專案都不會爆。」

她總是微笑著接下額外工作：「沒關係，我幫你補一下。」

她總是被臨時叫去救火：「可以啦，我反正今天加班也 OK。」

她甚至連自己的升遷機會，也輕描淡寫地說：「我沒那麼急，讓新人先上吧。」

她不是沒有想法，而是覺得：「只要我能配合，整個體系就不會卡住。」

她努力讓大家輕鬆一點，卻沒想過自己的位置會被輕易取代。

她說「沒差」太多次，連她自己也開始相信

佳宜其實很早就想往「企劃部門」發展，她大學主修行銷，對品牌策略與市場分析有濃厚興趣。但當年進公司時，為了趕快就業，她進了行政體系，原本想「先做兩年再轉部門」，結果一做就是十年。

這十年間，她不是沒機會。主管問她要不要轉部，她說：「現在系統剛穩，不想讓流程出問題。」

HR 問她要不要申請輪調，她說：「我好像不如其他人適合。」

朋友鼓勵她試試外部機會，她說：「我在這邊滿安穩的啦，轉職又要重來。」

她嘴上說得輕鬆，心裡卻清楚知道：她其實從沒真正選過自己想要的東西。她只是一次次地說『沒差』，直到真的沒得選。

當選擇出現時，她已經習慣讓別人決定她的位置

那年，公司大舉重組，各部門重新編制。她原本熟悉的行政職位被外包，內部提供了兩條路：

一是申請留任，轉入新設立的「營運管理組」；二是自行轉職至業務支援或行銷部，需重新面試與培訓。

那天主管找她談話時說：「我知道妳其實對行銷有興趣，不如趁這個機會去試試，難得開放職缺了。」

佳宜沉默了幾秒，最後還是笑著說：「沒關係，我還是先留營運組好了，系統我熟，流程也能馬上上手。」

她回到位置後，打開行銷職缺說明，靜靜看了半小時。畫面跳出：「申請截止倒數 2 天。」

她想點進去，但又關掉了，對自己說：「再看看吧。」

結果兩天後她也沒申請，而那個原本屬於她夢想的轉機，正式從她眼前關上。

她不是沒有選擇，而是她早就忘了自己有權利選擇

進入新部門後，她開始處理大量標準化流程與報表，工作失去了創意與動能。她漸漸地變得沉默，不再主動給意見、不再提案，甚至連早上來公司的步伐都變得遲緩。

有一天她在午休時滑到好友的 IG，對方剛轉任品牌顧問，寫著：「人生不能只是『剛好能活』，而要活得剛好是自己。」

她看著那句話發呆很久，腦海裡浮現十年來自己說過最多的一句話：「我都可以啦，沒差。」

她突然想哭，因為她終於知道：不是她沒機會，而是她每一次都選擇不為自己站一次。

她開始第一次，對人生說「我不要再等了」

幾週後，她私下聯絡了原本行銷部的人資窗口，詢問是否還有內部轉任機會。對方驚訝地說：「我以為你對這條路沒興趣，一直都沒看到你出現在申請名單上。」

她苦笑：「其實不是沒興趣，是我一直都不敢爭取。」

半年後，她轉入行銷組初階職位，從零開始。但這一次，她不是配合，而是選擇；不是妥協，而是主動。

她說：「我不再讓別人幫我安排人生，也不再靠運氣被決定方向。我想練習選我自己。」

你不是沒機會，而是你總說「沒關係」到最後真的沒得選

林佳宜後來沒有成為什麼企業明星人物，也不是所有故事都結局輝煌。

但她學會一件事——選擇不是大動作，而是每天不再忽略自己的聲音。

她從那一天起，開始練習表達自己的意見、規劃自己的學習節奏、要求自己的人生主動權。

她說：

「我只是想，這次不要再錯過了；哪怕只是選一次自己，也夠我重新出發。」

你也是。你不是沒得選，只是太久沒問過自己真正想去哪裡。

從現在開始，請你不要再說「我都可以」，請你說：「這一次，我想要。」

Chapter 13

真正的努力，從來都不輕鬆

行動綱領表

主題：真正有效的努力，不會讓你一直舒服，
但它讓你越來越有方向

行動目標	對應行為建議	日常練習提醒	請你避免的陷阱
分辨「舒適努力」與「成長努力」	評估你現在努力的內容：是重複舊有、原地轉圈，還是逼自己突破新技能、推進關鍵步驟？	寫下：「這週我最不想做，但知道應該做的一件事是 ______」	一直做自己熟悉的任務，只為感覺有在動，卻沒真正前進
正視「不想做」背後的突破口	觀察拖延與抗拒的任務，那正是你的突破卡關點	練習自問：「我為什麼抗拒這件事？是怕丟臉？怕失敗？怕沒成果？」	一直選擇容易做的，讓真正該面對的事一拖再拖
接受「痛苦是過程的一部分」	進入新任務或困難挑戰時，不再因為不適就放棄，而是接受痛苦是轉換期的正常感受	給自己一句鼓勵:「這不容易，但代表我正踏進真正的改變」	一遇到失落或卡關就懷疑人生、懷疑方向

行動目標	對應行為建議	日常練習提醒	請你避免的陷阱
鍛鍊意志力儲備	每週挑戰一次讓你感到「不舒服但必要」的任務，培養對艱難任務的心理耐受力	練習面對失敗、評估風險、記錄進步，而不是只計算成功與否	一旦沒成果就否定整個過程，無法持續累積力量
建立可量化的「痛點進度表」	把每次的情緒壓力、失敗、卡住都記錄下來，回顧自己在哪些地方變得更有承受力	建立一週紀錄：「我面對了什麼難題？我怎麼處理？我有沒有比上次更冷靜？」	把每一次卡關都視為倒退，其實你正在拉高底線

小提示：

- 成長，不會從舒服開始，也不會在輕鬆中發生。
- 你不是不夠堅強，你只是太怕痛；但請記得，有感覺的那一段，才是你在變強的證明。

13-1｜你不是不夠努力，是太常選擇「比較容易的路」

我們都努力過，只是努力的方式不一樣

你每天都很忙。早起回訊息、打卡上班、接會議、回報告、處理雜事。你告訴自己：「我很努力，我沒有偷懶。」但夜深人靜時，你總會懷疑 —— 為什麼我那麼拚，卻看不見進展？為什麼別人走在前面，我卻還在原地？

問題不在於你懶惰，而是你一直選擇那些「比較容易的努力」。你做你熟悉的事、你擅長的事、你不會犯錯的事。你讓自己一直「有做」，卻從不讓自己「突破」。

這就是差距產生的原因。不是誰比較有才華，而是誰更願意選擇那條困難但有價值的路。

容易的努力，讓你感覺踏實，卻拉不動未來

你每天整理資料、照流程處理問題、幫忙補位、回應需求，看起來很充實，但你很清楚 —— 這些努力只是「讓工作順利完成」，它們沒有真正改變你的人生結構。

你逃避的是什麼？是那份需要從零開始學的證照？那個

需要上臺簡報的練習？還是那段你早該結束但不敢面對的關係？

你不是真的沒做事，你只是一直做「做了不會痛、不會出糗、不會失敗」的那一類努力。

這種努力，只會讓你過得像是在跑步機上奔跑：看起來很累，卻一公分都沒往前。

真正拉開差距的努力，
通常最痛、最慢、也最容易想放棄

寫一篇觀點文章、練一段公開簡報、準備一份轉職作品集、主動約主管談未來 —— 這些都是困難的選擇，但也是真正會讓你從當下位置跳脫出去的「難路」。

而你一直沒變，是因為你總在這些岔路口告訴自己：「等我準備好再說」、「我現在沒時間」、「先把眼前這些忙完比較重要」。

你不是懶，而是你的潛意識一直在保護你不要痛。

它要你安全、要你穩定，但也讓你停在原地。

難的路，不是壞路，而是需要你認真活著的那條路

如果你回想過去幾次真的有改變的人生階段，一定都有一個共通點：你曾經咬牙選了最不舒服、最吃力、最不確定

的一條路。

那次轉職的決定、那次結束關係的勇氣、那場硬著頭皮也要上臺的簡報 —— 那些當下你幾乎想逃，但你撐過的事，才真的帶你上了另一層樓。

你以為最安全的，是繞路，其實最安全的，是你有勇氣直面那條「很難，但你知道非走不可」的路。

沒有哪一條輕鬆的路，會帶你去你想去的地方

人生不是做多就會贏，而是做對 —— 哪怕那條路不好走。

所以你該問自己的不是：「我夠不夠努力？」

而是：「我選的，是對的努力，還是好走的努力？」

你可以繼續做你擅長的、舒服的、熟悉的，但你要知道：你會越來越穩，也越來越難離開原地。

真正的成長，不會給你掌聲，它只會問你：「你準備好面對不舒適的自己了嗎？」

你不是不努力，而是你一直在逃避「真正能改變你的事」

這世界不會因為你努力就回報你，它只會在你真正改變的時候，給你新的機會。

請你停止用「我很忙」說服自己；請你勇敢選擇那些你害怕但知道應該去做的事。哪怕再慢、再難、再生疏，只要那是會讓你前進的路，就值得你全力以赴。

你沒少努力，但你一直沒選對努力的方向。現在開始，把力氣用在那條難但對的路上。

13-2 ｜你不是太慢，而是一直在重複沒有出口的路

忙，不代表你在前進

你是不是經常感覺很累，事情沒停過、時間永遠不夠用，但當你停下來回顧時，卻發現自己好像什麼也沒真正推進？你每天都在做事，但心裡總有個聲音問：「我到底有沒有在往前走？」

你不是太慢，你是走在一條根本不會帶你去哪裡的循環裡。

你回應了很多訊息，卻沒好好寫完一份履歷；你處理了一堆瑣事，卻沒完成那個真正重要的簡報；你忙著開會與交件，但你知道 —— 這些事結束後，下一輪還是會一模一樣。

你不是沒動，你只是原地繞圈。

沒有方向的努力，只會把你推得更遠離答案

我們都會在某些時期陷入「虛假進度感」的陷阱 —— 覺得自己很努力、很積極，但實際上只是在同一個困境裡反覆橫跳。

你討厭現在的工作，但只換了個類似性質的公司；你想突破現狀，卻又接了另一個無法拒絕的任務；你嚮往改變，但每次都用「先把這段處理完」說服自己繼續卡著。

你用忙來逃避決策，你用行動來掩飾迷惘。久而久之，你開始懷疑自己是不是不夠好、不夠快、不夠強，但真相是：你只是太久沒停下來，重新確認你是否走在對的方向上。

「繞回原點」不是努力的副作用，是你缺乏路線更新的代價

如果你每天走相同路徑、用同樣方式處理問題，那不管你再努力十年，也只能得到相似的結果。成長的前提是：路線需要重新設計，目標要再精確定義，行動方式要被優化與調整。

但大多數人對這件事抗拒，因為重新審視就意味著：

- 我可能得承認我之前走錯了；
- 我可能得拆掉已經熟悉但沒效的做法；
- 我可能要面對「我該換方向了」的真相。

所以你寧可繼續跑在錯的跑道上，也不願停下來重新規劃。但你不知道的是：跑得再快，也沒用，方向錯了，只會離出口越來越遠。

真正有效率的人，會定期停下來問：「這還對嗎？」

快速並不可怕，可怕的是快到失控，忙到失焦。

真正有意識的人，不會一味往前衝，而會定期停下來，問自己幾個關鍵問題：

- 這條路現在還通往我想去的地方嗎？
- 我做的這些事，是為了生存還是為了前進？
- 我是在解決問題，還是只是忙著蓋掉問題？

如果你答不出來，那代表你不是太慢，而是你正走在沒有出口的循環裡，還不自知。

停止盲目加速，請你先轉換軌道

你不是沒動力，你只是一直把動力灌在錯誤的迴路上。你不需要更拚命，而是需要更清晰的導航系統。

請你從今天起，不要再追求速度感，而是追求方向感。

慢一點沒關係，只要你往對的地方走；少一點沒關係，只要你在解真正該解的題。

這個世界鼓勵快、鼓勵多，但真正稀缺的是 —— 願意停下來、認錯方向，然後轉身重啟的人。

你不是輸給了速度，而是輸在一再重複同樣的錯路

請記住：你不是不夠快，而是你一直沒跳出那個讓你原地踏步的模式。

你只要願意面對現實、調整策略、重新定義努力的方式，就能慢慢離開那個你以為沒有出口的地方。

你不需要跑得更快，而是要開始走在能真正改變你的方向上。

當你願意調頭的那一刻，你就已經領先了還在盲目衝刺的大多數人。

13-3 ｜你說你努力過，但其實你只是沒堅持到真正拉開差距的那一段

大多數人的「努力過」，其實都只停留在最初那一層

你是不是常說：「我也努力過，但沒用」、「我也試過，但沒成果」？你不是沒付出，而是你沒堅持到真正會拉開差距的那一段。

很多人誤以為努力是一段線性邏輯：投入→產出→成果，但現實是 —— 真正有價值的努力，成果總是延遲出現的。而大多數人撐不過的，不是難度，而是那段看不見回報、無人喝采、甚至懷疑人生的「卡關期」。

你不是不夠好，而是你提早停了。

而你所說的「努力過」，其實只是「剛開始而已」。

真正拉開差距的，是「那段沒人看見你還在撐」的時間

那段沒掌聲、沒肯定、沒人理會的時期，是很多人放棄的高峰點。

因為你會問自己：

- 我真的適合做這件事嗎？
- 我撐下去會有用嗎？
- 我是不是不如別人？

而這些懷疑，會讓你想退回去，回到那個比較穩定、比較簡單、比較不用承擔風險的位置。

但你不知道的是，你放手的那一刻，可能只差三步就會出現第一個轉機。

拉開差距，不是從你做了多少開始，而是你撐到別人放棄之後，還願意再多走一點的時候。

你覺得自己沒成果，是因爲你太急著看到成果

現在的節奏太快，每個人都習慣按下按鈕就看到結果、努力一週就想要轉變、做一次簡報就期待被看見。

但真正能帶來巨大轉變的努力，從來都不是短跑，而是長線耐力。

你也許做了十次內容沒人轉發，就說自己不適合；你報名了一門課，學完一輪沒加薪，就說知識沒用；你寫了三份履歷沒被錄取，就說市場不給機會。

不是努力沒用，而是你不願意多堅持一輪、多優化一次、多忍一下那段「還沒被看見」的焦慮。

而那些真正走出差距的人，不是做得特別多，而是做得比你多一點點，久一點點。

差距不是天賦拉開的，是習慣在別人停下時還往前推

你總以為那些站上臺的人、被選中發言的人、在行業裡越來越有影響力的人，是因為他們比你強、比你幸運、比你有資源。

但你沒看到的是，他們也一樣被冷場過、也一樣寫過沒人看的內容、也一樣經歷過懷疑自己到快撐不下去的低潮。

差別是——他們多忍了一輪，多改了一次，多等了一點時間。

這世界從來不缺起步的人，缺的是願意把每一次卡關撐過、錯誤優化、沉默期堅持下去的人。

你不是沒機會翻轉，而是你每次都在關鍵轉角放棄了

你是不是總在快靠近終點時說：「算了，應該也沒差」？

是不是每次看不到成果，就開始質疑這條路是不是錯的？

是不是曾經就差一步可以談成合作、升遷、跳槽、轉向，但你選擇退了，因為你太久沒看到好消息？

你沒錯，但你必須承認——你習慣在結果出現前離場。

你總以為還有別的路，但你沒想過，每一次的放棄，才是你一直沒走出差距的真正原因。

你不是真的失敗，而是你沒撐過那段最關鍵的時間

請你重新定義什麼是努力：「努力」不是做了幾件事，而是能不能撐過那段沒有回報還繼續做下去的時間。

當你再次懷疑自己是不是不適合時，請先問問自己：

你是真的不行，還是只是沒堅持到成果開始浮現的那一刻？

大多數人的分水嶺，不在起跑點，而是在那段看似沒有希望、但其實再一下就會有光的時候。

從今天起，請你不要輕易離開那條你相信的路。

你沒輸，你只是還沒堅持夠久。

案例故事

他不是不努力，而是每次都放棄在快成功之前
—— 一個創作者如何在反覆挫敗裡找到真正的堅持

他總是全力衝刺，但也總是提早退場

吳哲文，29 歲，自媒體創作者，主題是職場反思與情緒書寫。他開始經營 Instagram 時滿懷熱情，每天一則貼文、每週一支短影片、每個月一個主題系列。他自認為內容不差，也確實累積了不少互動。

但問題是，每當成長趨勢開始出現，他就會「改方向」。

他追蹤數從 0 到 3,000 時，他說：「演算法沒扶我上去，我是不是做錯題目了？」於是他刪掉原有內容，轉型成講理財；理財做三個月，追蹤升得更快了，他卻又覺得：「這不是我熱愛的啊」，改成分享個人成長；而個人成長經營不到兩個月，又開始抱怨：「這市場飽和了吧？怎麼沒有爆文？」

他的努力不曾間斷，但他的耐心永遠不足。

他不是沒成果，只是從沒堅持到真正起飛的那一刻

哲文不是懶人。他願意熬夜剪影片、查資料、寫腳本。別人還在滑手機，他已經排版到半夜。

但他有一個致命習慣：當回饋沒有「立即出現」，他就懷疑一切。

每當觸及變少、互動滑落、按讚不如預期，他第一反應總是：「我是不是又走錯方向了？」

於是，他從來沒給任何一個選題或企劃撐過六十天。他總在第五十九天砍掉重練。

而你也知道，真正有爆發力的成長，往往都是在第六十天以後才開始的。

他以為自己是敏銳的策略家，實際上只是無法承受沈默的人

哲文曾說：「我不怕苦，我怕沒聲音。」

他以為只要夠敏捷、夠調整，就能打出市場節奏；他告訴自己：「演算法變得快，我也要跟著快。」

但事實是，他怕的不是市場變化，他怕的是那幾天、甚至幾週都沒人理會的時候 —— 那種像是全世界都看不見你、你付出毫無意義的孤獨感。

那種沈默會讓他懷疑自己是不是騙子，是不是根本沒資格說話。

他其實不是沒有才華，他只是還沒有耐性。

直到他決定：這次，我不再中途離開

後來有一次，他挑戰自己：連續寫 100 篇主題文，內容

不刪、不改、不轉向，不管成效如何。

前三十篇，互動平平；四十篇後，開始有人留言；到第七十篇，有讀者私訊他：「你的文讓我撐過一場離職的低潮。」

那天他坐在電腦前，看著那封訊息，哭了。

那不是他人生第一次被感動，但是他第一次撐過自己的懷疑與想逃的瞬間。

他終於知道，原來過去不是他不夠努力，而是他一直沒等到努力發芽的那一刻。

他後來沒有爆紅，但穩穩站住了位置

哲文現在是一位專職寫作者，擁有自己的付費社群與線上課程。他不是最多讚的人，也不是演算法寵兒，但他是那種 —— 你會記得他、會想再讀一次他文章的人。

他不再追求每篇文都要破千觸及，而是清楚知道：「我的內容是累積型價值，不是即食娛樂。」

他說：

「最痛苦的，不是失敗，而是明明快到了，卻自己先撤退。

我現在不會再那麼快轉身，因為我終於知道 —— 那一段最黑最靜最想放棄的時候，才是距離成果最近的時候。」

不是你不行，是你每次都離開得太早了

你也許和哲文一樣，努力過、做過、認真過，但你每次都在「差一點」的時候說了放棄。

你以為是方向錯，其實是你沒給它足夠時間。

你以為是自己沒天分，其實是你沒堅持到天分開始生效的時候。

請你記住：你不需要一直重來，你需要的是堅持下去，讓你累積的努力終於有機會開花。

別再每次都在出口前轉彎。這一次，請你走到底。

Chapter 14 | 選擇不動，就等於選擇原地不變

行動綱領表

主題：每一次你不選擇，其實都在默默讓命運替你決定

行動目標	對應行為建議	日常練習提醒	請你避免的陷阱
認清「觀望」其實是消耗	意識到長期猶豫、等待，只會讓你情緒疲憊、方向模糊	問自己：「這件事我猶豫多久了？它讓我產生了哪些內耗感？」	說自己還沒準備好，其實是害怕選擇後得承擔
列出可能選項＋風險評估	把你要選的事寫出至少三種可能選擇，評估每一條路的利弊與風險	練習「不理想，也能行得通」的思維，不求完美，但求向前	一直等到「最安全的答案」，結果什麼都沒選成
為選擇設立「行動期限」	對某件事的決策（轉職、告白、離開關係等）設定一個具體期限	寫下：「我允許自己想清楚到 ____ 日，屆時我必須做出選擇」	拖到對方／情勢替你決定，自己卻失去主控權
建立選擇後的執行計畫	選擇後不是停在「做決定」，而是立即啟動第一步計畫（時間表、資源、協助）	問自己：「如果我真的選了 A，那我下一步具體要做什麼？」	選完又不動，讓選擇失去意義

行動目標	對應行為建議	日常練習提醒	請你避免的陷阱
接受「沒有完美選項」	理解人生多數選擇都是在不完整中前進，而非等一切都好才出發	練習說服自己：「這不是完美的選擇，但它是我此刻最願意承擔的選擇」	總想等到最好時機，結果永遠錯過行動的節點

小提示：

- 不選，也是一種選，而你不選擇，世界就會替你選。
- 你不需要先有勇氣才能選，你要先選了，勇氣才會在行動中被鍛鍊出來。

14-1 ｜別人都在前進，是因為他們早就開始為自己負責

不是你跟不上，而是你還沒開始對自己的人生負責

你是不是常在社群上看到朋友轉職、創業、進修、開始副業，甚至默默考到證照？你看著他們一個一個「前進」，心裡想：「他們是不是資源比較多？運氣比較好？背景不一樣？」

但你沒看到的是，他們早在你還在「等一下」的時候，就已經開始動手。

你不是輸在起跑點，而是你還在等指令的時候，他們已經選擇負責到底了。

負責不是一個口號，而是一種成熟的內在態度 —— 我知道沒有人會替我解決問題，所以我必須為自己做決定、承擔風險、撐下後果。

你的人生不是沒人幫忙，而是你習慣把選擇交給別人

你是不是常說：「我爸媽建議我先穩定一點」、「我主管說我現在還不適合升」、「我朋友說我應該再等看看」？

這些話聽起來很合理，但你忘了問：這些話的背後，是你自己的選擇，還是你只是拿來推遲決定的理由？

真正的分水嶺，不是誰說了什麼，而是誰願意站出來說：「我知道這個選擇風險是我的，但我想試。」

別人不敢幫你負責，也沒義務幫你設計人生。你越早放棄「被安排」、「被建議」、「被推薦」的依賴，越能真的開始打造你自己的軌道。

負責，不是全都知道，而是明知不確定仍願意承擔

很多人以為「負責」的前提是「我已經很確定方向了」、「我有萬全準備」、「我知道這樣會成功」。

但現實是：人生所有值得的選擇，都來自不確定中先選了、然後再慢慢學。

負責，是你說：「我可能會犯錯，但我會修正。」

是你說：「我願意試，即使還不確定會不會成功。」

是你說：「我不怪別人，也不把選擇推回去，我走的每一步都算自己的。」

這種心態，才是一個人能真正起步、真正成長、真正前進的關鍵。

那些默默前進的人，
不是因爲天賦異稟，而是他們從來不等

別人沒有比你聰明，也沒有比你幸運，他們只是早早就明白：如果不開始自己動，就沒有人會幫你改變現狀。

你還在權衡風險時，他們已經跑完第一輪；你還在等肯定時，他們已經犯錯三次並優化流程；你還在想「等我想清楚再說」，他們已經寫下第一份企劃、寄出第一份履歷、錄完第一支影片。

成功不是靠完美決策堆疊，而是靠「即使會出錯，我也願意自己負責」這種肌肉，慢慢練出來的。

不負責任的等待，是你進不了下一層的原因

你不是真的落後，你只是還沒對自己人生全權承擔。你可以怕、可以慢、可以不確定，但你不能什麼都交給別人決定。

從現在起，請你練習一件事 —— 所有選擇，問自己：這是我自己想走的路嗎？我準備好自己撐結果嗎？

如果答案是「是的」，那就走吧。因為只要你肯為自己負責，人生才真正開始是你的。

14-2｜你說尊重安排，其實是在讓別人安排你的一生

尊重不是錯，但無條件接受，就是一種自我消失

你是不是常說：「他是我爸，我當然尊重他的想法」、「主管安排了，我就照做」、「他是專業的，應該比較懂」？

你以為你很成熟，你說你願意聽建議、尊重經驗、配合大局。但你沒發現 —— 你每一次的「聽話」，都是把自己人生的一小塊主控權交了出去。交得多了，最後你的人生就不是你在過。

尊重應該是：我理解你的立場，但我保有自己的選擇；不是：我照單全收，從不質疑。

你不是在尊重，你是在消音自己的聲音。

一直照著別人的藍圖走，走到最後你會懷疑你在哪

有些人大學科系不是自己選的，職涯第一份工作不是自己挑的，連婚姻、住哪、買房買車都在「家人建議」下完成。

你不是沒能力做決定，而是你太習慣接受安排，久了就以為那叫命運。

你說：「我只是體諒他們。」但請問你：你體諒完了，那你呢？

當你發現自己站在一條完全不想走的路上，還要說服自己：「至少大家都開心」的時候，你就知道，這不是安排，是消耗。

人生最可怕的不是做錯決定，而是你從來沒決定過什麼。

有些建議，看起來是爲你好，其實是把你困住

「你就照這樣做比較穩啦」、「現在不要想那麼多」、「這個你現在不適合啦」、「再等等吧，等你更成熟一點」……

這些話很多來自好意，但它們的共通點是：它們都替你決定了你該怎麼做、該怎麼選、該什麼時候出發。

你一旦全盤接受，你的人生節奏就不再由你掌握，而是被外部的「標準」或「期待」綁架。你會發現：你做了很多事都合情合理，卻一點也不快樂。

因為你活得越合理，就越不像你自己。

主動聽建議，與被動接受安排，是兩件事

成熟的人不會否定建議，但他們有能力消化、判斷、取捨。他們不會把選擇權丟給別人，然後說：「反正是他叫我這樣做的。」

不成熟的人，才會在每次挫敗後說：「我只是聽他的話啊，我也沒辦法。」

你當初選擇接受的那一刻，就該知道這是你的人生責任。

請你記住：能做選擇，是一種自由；而選擇誰的建議要聽、聽到什麼程度，那是你活出自己輪廓的開始。

你不該只尊重別人的安排，你更該尊重自己想要什麼

你可以孝順、可以理解、可以聽勸，但請你最後還是回來問自己：

- 這真的是我要的嗎？
- 我是因為想要，而不是因為不敢說不要才接受的嗎？
- 如果不滿意，我願不願意為自己改方向？

別再用「我不好意思拒絕」當理由，讓自己留在一個自己不想活的版本裡。

尊重不是把自己的人生讓出來，而是在所有聲音當中，保住你自己的選擇權。

14-3 ｜你說你還沒準備好，其實是你不敢承認自己害怕

你不是在準備，你是在延遲啟動

「我先想清楚一點」、「我再多學一些」、「我等狀況更穩再開始」—— 你是不是也常說這些話？

你以為你在準備，但其實你在幫自己找一個可以不面對改變的理由。你不是還沒準備好，你只是還不敢承認 —— 你怕開始了之後，萬一不如預期怎麼辦？你怕開口了，別人不認同；你怕動手了，會失敗。

你躲在「準備中」，其實是在保留可以退縮的空間。

真正讓人卡住的，不是沒資源，而是內在的不安

你不是沒能力，而是你不相信自己的能力夠用。

你不是沒機會，而是你懷疑自己配不配得上那個機會。

你不是不想改變，而是你害怕一改變，可能會失控、會被質疑、會讓人失望。

於是你一直學習，一直查資料，一直準備，卻始終不敢按下第一個送出鍵。

你在做的，其實不是為改變鋪路，而是在「為萬一失敗先做心理保險」。

而這樣的準備，是永遠不會完成的。

沒有一種起跑是萬全的，真正的開始來自「我願意邊走邊修」

你想要等所有資源到位、信心滿點、條件具足，那才起步。但現實是：這樣的時機不會自然出現，只有你願不願意選擇現在開始而已。

最有行動力的人，不是因為他們準備得特別多，而是因為他們接受「我還不完美也可以先開始」這個事實。

那些你看到在舞臺上侃侃而談、在職場中飛快推進的人，其實一開始也緊張、也不確定，只是他們願意承認自己的不安，然後邊做邊修。

真正的強大，不是沒有怕，而是你知道你怕，還是願意開始。

「還沒準備好」其實是一種內建的自我保護模式

我們從小被教導：「不要冒險」、「要有把握再行動」、「不要讓人看笑話」，所以我們變得小心翼翼，凡事都想要「先準備好」。

但你沒發現，準備好常常變成了不開始的藉口，變成了一種不動如山的自我綁架。

有些人準備了三年，卻始終沒轉職；有些人買了一堆課，卻從沒產出過東西；有些人收集工具、報名社群、規劃筆記，但從沒真正「執行過」。

準備不是重點，啟動才是。

承認害怕，不是軟弱，而是重啟選擇權的開關

你可以說：「我很怕開始，因為我怕失敗。」

這句話本身，就是一種力量。因為它代表你願意對真實感受誠實。

一個不願承認自己害怕的人，只會一直用「還沒準備好」來掩飾恐懼；一個願意承認「我害怕但我想試試看」的人，才有機會真正踏出下一步。

你可以慢，但請不要再用完美主義來推遲你的人生。

你等的不是準備好，而是你願不願意承擔未知

沒有人是百分之百準備好才開始的。所有值得走的路，都一定有風險、有未知、有不安。

你說你還沒準備好，其實你是還不敢相信自己有能力從錯誤中站起來。

但如果你能承認這個恐懼，然後依然選擇「那我也想試試」，那一刻起，你就已經比過去所有停滯的自己，更靠近下一個版本的你了。

你不用完美才能出發，你只要不再用「還沒準備好」當成保護殼。

現在，就可以。

案例故事

她說想改變，卻用準備之名停在原地三年
—— 一場以「還沒準備好」爲名的長期自我停滯

她說自己只是「還沒準備好」，其實她從沒真正開始

李昕語，33 歲，科技業人資專員。從 27 歲起，她就說自己「不想再只做行政支援的事」，夢想轉向職涯教練或自由寫作。她上過很多課、讀了很多書、也買了一堆線上教材，筆記做得一絲不苟、資料整理得井然有序。

她每隔幾週就會對朋友說：「我真的很想轉職，只是現在還沒準備好。」

有時是說作品集還不夠完整、有時是說履歷還沒打磨好、有時是說內容產出方向還沒想清楚。

她以為自己在前進，事實上她只是在做看起來像前進的準備，卻從來沒有真的推開門走出去過。

她不是沒機會，而是每次機會來時，她都退了一步

兩年前，朋友介紹她參加一場創作者沙龍，現場有幾位知名內容顧問，她認識了其中一位，對方欣賞她的分析能力與組織邏輯，鼓勵她：「妳的切入點很有特色，我覺得可以開

始產出內容了，不一定要等一切完美。」

她禮貌點頭，回家後在筆記本上寫下：「先整理個 10 篇草稿。」

結果兩週後，她還在修改標題；一個月後，她又決定要先學會資料視覺化工具;半年後，她已經忘了當初那份熱血，只剩下一句話還在嘴邊：「我還沒準備好。」

她的問題從來不是沒靈感，而是她習慣了把開始無限延期，直到那股改變的慾望被日常磨掉。

她在等的不是能力，而是一份「對未來的確定感」

昕語不是沒能力。她邏輯清晰、思考細膩，也具備洞察人的特質。她的主管曾說：「你其實可以自己開課，只是你不相信你撐得起來。」

她的確不信。她不信內容會有人看、不信自己說的話有價值、不信自己的選擇能夠成功。

所以她一再對自己說:「我還不夠好，我要再準備久一點。」但這句話的背後，其實是「我不敢面對萬一不成功的自己。」

她不是在精進，而是在保護自己免於失敗的可能性。

真正的卡點，不是資源，而是「我允不允許自己先上場」

她常常看著別人發文、講課、錄節目，然後私訊朋友問：「她怎麼敢？她怎麼知道自己準備好了？」

某次聚會中，一位已經全職寫作的朋友對她說：「沒有人真的準備好了，我只是開始做了，然後邊做邊修，久了就站穩了。」

那句話像一記悶雷，讓她一整晚睡不著。她回頭看自己的筆記資料夾 —— 超過三百頁的企劃草稿、二十份未公開的內容提案、無數張從沒發布的精美投影片。

她忽然意識到：我不是沒東西，我是沒有允許我自己出現過。

三年後的第一步，是她自己允許自己犯錯

那天晚上，她打開 Instagram 草稿區，點選一則從未發布的貼文，寫著：「我是一位在人資領域七年的觀察者，今天想來談談第一份工作的情緒成本。」

她深吸一口氣，按下「發布」。那一刻，她不是沒有害怕，而是終於願意帶著害怕，踏出第一步。

那篇貼文獲得的反應不多，但她卻感到一種前所未有的釋放。因為那不再是想像中的她，而是真實開始嘗試的她。

你一直在準備，其實是在延後改變的時刻

李昕語花了三年，才明白「準備好」不是一種狀態，而是一種選擇。你可以在不完美的條件下出發，你可以帶著不安走進未知。你需要的不是更多準備，而是勇氣說：「我現在就開始了。」

你等的不是條件，你等的其實是自己點頭。

這一次，請你不要再錯過。請你允許自己，先出場。

Chapter 15

最後留下來的，才有資格被看見

行動綱領表

主題：真正被看見的人，不是跑最快的，
而是撐到最後的那個人

行動目標	對應行為建議	日常練習提醒	請你避免的陷阱
培養「完成肌力」	為每一個開始的任務設下明確的「完成標準」與「交付形式」	練習寫下：「我不是做到有感覺就停，我是做到____就完成」	開始很多、很有熱情，但每次都在中段失速
設定「預期崩潰點」	為每段挑戰設下「我大概會在哪裡想放棄」的警戒期，預先布置支撐資源	問自己：「我在哪個時間點或任務段最容易懷疑自己？我該如何提前應對？」	每次遇到撞牆就放棄，結果無限重複啟動循環
建立「進度不等於成果感」	用交件、展示、交付、分享等方式讓努力被實質化	每週問：「我有把這週的努力轉化成一份被看見的成果嗎？」	忙很久沒留下紀錄，讓自己感覺一直在白忙
練習說出：「我還在這裡」	在疲乏、想逃、被質疑時，仍能溫和但堅定地回應：「我還沒放棄，我還在」	寫下你的留存語錄，提醒自己：「再走幾步，風景就會不同」	覺得自己沒立即被認同就自我否定、悄然退出舞臺

行動目標	對應行為建議	日常練習提醒	請你避免的陷阱
追蹤「留下來的證明」	建立屬於自己的「堅持證明牆」：歷程記錄、打卡、里程碑累積	回顧：「我已經完成了什麼？我靠什麼走到這裡？我還能撐幾步？」	每完成一件事就急著投入下一項，沒時間累積完成的力量

小提示：

- 起點熱血沒什麼稀奇，能走到底才是罕見。
- 你被記住的，不是你說過什麼，而是你做完了什麼；不是你有多快，而是你還在場。

15-1 ｜沒人記得你付出過，只看你有沒有撐到最後

現實世界不會爲你的努力立傳，只會給結果位子

你曾經加班到半夜趕案子；你為同事補位無數次、為主管默默扛責任；你犧牲週末、犧牲睡眠、犧牲情緒，只為讓任務順利完成。

但最後在表揚名單上，沒有你；在升遷會議裡，你沒被提到；甚至專案結束後，沒人記得你中間做了什麼。

你委屈、你失望，甚至想說：「大家都忘了我是怎麼撐過那段的。」

是的，他們真的忘了。因為這個世界，不記錄誰努力過，只記得誰留下來、誰撐到最後。

在結果出現之前，努力都只是背景音

你發過無數封沒回應的合作信、改過三十版企劃仍被駁回、提案時臺下無聲⋯⋯但這些過程，旁人看不到，也不會記得。

你走過的痛、夜裡的崩潰、撐著上班的疲憊 —— 沒有一條會被寫進履歷。

因為在這個世界的運作邏輯裡，沒有結果，就沒有故事。

我們不該為這個現實憤怒，我們該做的，是更堅定地選擇留下，直到結果能自己說話。

你不是沒被看見，而是你還沒走到該你發光的位置

你覺得自己一直在原地，但也許你只是還差一段推進，才會讓別人注意你。

很多人不是沒能力，而是太早離場；不是不努力，而是努力得不夠久、不夠深、不夠讓人非看見你不可。

你以為努力是憑證，但這世界看的，是結果、是位置、是留名度。你不撐下來，沒人知道你來過。

最後能講話的人，是那個站到舞臺上的人

你想要別人理解你曾多辛苦？想要被肯定、被記住、被信任？

那你得先走到那個位置 —— 那個能說出自己故事的位置，那個讓結果為你作證的位置。

你說你不是不想撐，而是撐不動了。那我想告訴你 —— 真正的轉機，常常發生在你決定再多走一哩的那一刻。

不是因為你突然變強，而是因為你終於不逃了，願意直面那段無聲期，直到熬出一個聲響。

努力會被遺忘，但留下來的人不會

請你記住 —— 你努力過，沒人會替你寫傳記；你堅持住，世界才會開始幫你記得你是誰。

這不殘酷，這只是現實。

你想被看見、想被選擇、想被認可，那你就得撐過那段還沒有人認可你的日子。

別在還沒到終點時離開賽場，別讓那些你熬過的苦最後都白費。

沒人記得你中間做過什麼，只看你最後有沒有還在。

而你，如果真的這麼想贏 —— 請你，撐住。

15-2 ｜你以為對得起自己就好，其實你一直在逃避對結果負責

「我問心無愧」不能替你完成你該交的成績單

你是不是也常說：「我有盡力了」、「我至少對得起自己」、「我做這些不是為了給誰看」？

這些話聽起來很獨立、很堅強，甚至很有氣節。但如果你說完這些話的同時，你的成果還沒交、承諾還沒兌現、責任還沒扛完，那麼你不是在誠實面對自己，而是在美化半途而廢。

「問心無愧」不是放棄結果的理由，它必須建立在你真的把該交的東西做到最後一刻。

否則你不是在對得起自己，而是把「自我滿足」當作逃避負責的出口。

不想面對結果的人，最喜歡強調過程

我們當然重視過程。堅持、努力、進步都是值得尊敬的。但當一個人過度強調自己有多努力，卻迴避結果不如預期時的責任，那其實是一種心理逃避。

你把自己困在一個「只要我有盡力，什麼結果都不重要」的泡泡裡，看起來很正向，實際上卻讓你不敢承擔：「我其實還沒做到」。

如果你總在面對低績效時說「我盡力了」；在合作破局時說「我有誠意了」；在計畫流產時說「我至少問心無愧」，那麼你其實從來沒真的問自己一句話 —— 那我該如何讓它成功？

真正對得起自己，是願意對結果扛到底

成熟的自我，不是靠情緒平衡撐起來的，而是靠對成果的堅持與反省建構出來的。

你不能一邊說自己是專業的、認真的、有能力的，一邊卻對成果的成敗全身而退地說：「反正我有做就好。」

你不能只想讓自己好過，卻不願意面對任務的全貌。因為你不是一個人在過生活，你活在一個要交付、要兌現、要回應的現實裡。

對得起自己，不是對自己的情緒交代，而是對你的選擇、你的決策、你答應過的東西，給出一個交代。

結果不是壓迫，是檢查你真誠度的最後一道門

很多人一聽到「對結果負責」，就覺得是 KPI 壓力、績效文化、資本邏輯。但請你想一件事：如果你真的那麼在乎你

做的事情，你會不會想把它做到好？

你寫一篇文章，不是為了紅，而是希望有人看到你想說的東西。那你就該好好打磨語句、理解讀者、調整節奏。你想開課，不是為了賺錢，而是想分享所學，那你就該研究課綱、蒐集回饋、優化內容。

結果，不是用來壓死你的，而是用來檢查你有多認真對待這件事。

你一直說你是認真的，那就請你把結果也放進你要負責的清單裡。

你不是要證明你努力了，而是要證明你能完成它

你可以脆弱、可以緩慢、可以修正，但你不能用「我對得起自己」來逃避該交的成果。

真正對得起自己，是你願意承認哪裡還不夠、哪裡還能補強、哪裡該再撐下去，然後完成它，給自己一個可以驕傲的句點。

請你不要再把責任交給「過程很努力」這種無法衡量的慰藉。

你可以選擇溫柔面對自己，但請你也要勇敢扛下結果。

15-3｜別急著感動自己，先確保你還沒把自己放棄掉

你不是不努力，而是太容易被自己感動就停下來了

「我昨天加班到凌晨耶」、「我連假都在寫企劃」、「我真的很努力了」—— 你是不是也常這樣對自己說？你望著螢幕、自我打氣、忍著疲憊，告訴自己：「我值得被鼓勵，因為我沒放棄。」

這些自我肯定本身沒錯，問題是：你是不是在還沒達成目標前，就用「感動自己」來結案？

真正努力不是讓你感動自己，而是讓你堅持到底，即使沒人看見、即使結果還遠，也不讓自己放棄。

自我感動，是一種最容易讓人掉以輕心的陷阱

自我感動讓你覺得自己已經很棒，所以可以休息一下；

讓你覺得「我至少試了」，所以就算沒結果也不用太苛責；

讓你在過程中被自己的情緒與付出溫暖到，卻忘了問自己：那我要的成果，真的完成了嗎？

你不是需要更多讚美，你需要更多把事情做完的冷靜與堅定。

感動不能取代結果，情緒也不能取代責任。

感動自己很簡單，完成自己承諾的才困難

真正難的是什麼？是你在第三次失敗之後，還能不放棄；是你沒掌聲也繼續做、沒成果也繼續撐；是你在很想放棄的時候，對自己說：「還沒結束，不准先走。」

你感動自己很容易，一杯咖啡、一段文字、一句「你已經很棒了」就足夠。但這些東西無法讓你抵達人生真正該去的地方。

你想要的不是感動，而是轉變；不是氛圍，而是成果；不是「努力過的證明」，而是完成過的紀錄。

真正對自己負責的人，是把感動留到結尾

每個過程都值得肯定，但請你記得：你可以累、可以痛、可以想停，但你要先問一句：

「我還有沒有可能繼續？還有沒有需要補強的地方？我真的已經做完該做的了嗎？」

只有完成該交的責任，才有資格安慰自己：「你真的很棒。」

感動不是停止的理由，它應該是讓你願意繼續走下去的養分。

別讓感動成爲你的避風港，而讓完成變成你的習慣

你不需要對自己太苛刻，但你也不能一直縱容自己停在「差不多就好」。

你值得被鼓勵，但那份鼓勵應該來自你真的做完、完成、撐過、扛起那一切的時候。

從今天起，請你不要再用淚水結案，也不要再用熱血當藉口。

真正的強者，是感動可以有，但腳步不能停。

你可以感動，但先確認：你還沒放棄。

案例故事

他不想輸，但總是在感動自己之後停下來——
一個「很努力的人」，如何差一點把努力變成自我麻醉

他總是在起跑線上熱血萬分，卻從不跑完全程

陳以諾，31 歲，自由品牌企劃人。他離開前公司時，跟所有朋友說：「我要做自己的東西，我受夠幫別人圓夢了。」

他建了一個網站、設了 Instagram、排好內容節奏表，寫了三頁品牌初衷，每一句都燃燒著創業的理想。

第一週，他每天凌晨兩點睡。第二週，他完成三篇貼文、兩篇文章，開始設計付費產品草稿。第三週，他寫了一篇長文，發布時眼眶泛淚：「我終於在為自己而活了。」

但就在第四週，他停了。他說：「我太累了，我要喘口氣。」

那一口氣，最後拉成了三個月的沉默。

他努力過沒錯，但努力完就當自己贏了

以諾常常說：「我不是沒做，我也很拚。」確實，他每次開始都像戰士一樣燃燒自己，但他也總在情緒最飽滿、感

動最強烈的時候，自己對自己說：「好了，我真的已經很棒了。」

他會拍一張寫文過程的手稿照、附上一句話：「沒有結果也沒關係，我知道自己在路上。」

他會發限動說：「我只想做真實的自己，不求贏，只求無悔。」

他會在收到負評後說：「反正我努力過了，不後悔。」

這些話聽起來真誠，卻也暴露出一個殘酷現實 —— 他把感動自己，當成努力的終點。

他不是不想成功，而是太習慣把「動了」當作「做完了」

以諾不是懶人，他擅長想法，有美感、有內容力，企劃邏輯強。他真正的問題是：他無法忍受沒有立即被看見的階段。

只要一發文沒反應，他就開始懷疑：「是不是我做錯了？是不是我不夠好？」然後，他會回到最熟悉的保護圈：重看自己的筆記、重整資料夾、為自己的努力寫一篇很深情的長文。

那篇文會讓他落淚，但也會讓他暫時停下來，用情緒說服自己：「我已經夠努力了。」

他用熱情開場，但不願用責任收尾。

直到他看見別人完成了他只想過的東西

某次，他在 YouTube 上看到一個前同事發布的品牌影片，主題、角度、連字體都和他去年想做的提案相似。他一邊看一邊震驚：「這根本就是我當初寫過的東西啊！」

但不同的是 —— 那個人做完了，而他還停在草稿裡。

那晚，他沒有發限時動態、沒有寫情緒文。他關掉螢幕，默默打開自己的 Notion，把三個未完成的提案頁面標上「必交」。

他終於明白：沒有人會記得你曾經想做什麼，只會看你最後做了什麼。

他開始學習做一個「沒有那麼感動、但很完成」的人

接下來幾個月，他重新修訂自己的排程。他不再強求每篇都要爆紅，也不再為每次成效不如預期而寫長文安慰自己。他開始設定「完成才算」的邊界，每個月要交什麼、執行什麼、驗收什麼。

他學會做重複的事、瑣碎的事、沒有立即回報的事。他開始不再過度描寫「我多痛苦」，而是默默把企劃做好，投稿寄出，版本更新。

不是他變冷漠了，而是他終於知道：這世界不會為你的情緒讓步，它只看你最後有沒有交出東西。

你不是不行，是你太早為自己鼓掌

陳以諾現在仍然在路上。他不是爆紅創作者，也不是大品牌顧問，但他的帳號穩穩成長、合作開始進來、有人願意為他的作品付費。

他說：

「我以前太容易為自己掉淚，卻從沒為自己撐到底。現在，我不再急著說我很努力，我只想問自己：你，做完了嗎？」

是的，你不缺熱情，不缺才華，不缺動機。你缺的，只是那個把手放回去、繼續完成任務、不被感動打斷的自己。

別急著感動自己，請你先確認：你還沒把自己放棄。

後記
你不用贏過別人，但不能輸給那個總是放棄的自己

你真的有想改變過，只是你總在下一步前先退場了

你不是沒努力過。你熬過夜、也衝過一段、也熱血過一次。

但為什麼你現在還在原地？因為你總是在最關鍵的那一哩說：「差不多就好。」

你總是動得很快，但停得更快。你對未來有過無數版本的想像，卻從沒讓任何一個版本走到底。

這本書不只是寫給正在拚命努力的人，更是寫給那些常常努力一半就算了的人。

不是你不配成功，而是你太常放過了自己。

成功從來不是選最快的，而是選得下去、走得下去

你一直以為，要站出來、要被看見、要有成績，需要天賦、需要背景、需要人脈。

但這一路寫下來，你應該發現了 —— 所有真正站得穩的人，都只是比你多走了一段你放棄的那段。

他們也怕、也累、也失敗，只是他們沒有放過自己。

而你，總是太快說：「我可以放過自己，至少我盡力了。」

這句話是毒藥，不是解藥。你說的是安慰，實際上卻是撤退。

人生不是誰跑得快，而是誰還願意繼續走。

真正的對手，是那個讓你一次次妥協的你自己

這世界不缺外在競爭者，你真正要贏的，是那個一直說服你「算了」的內在聲音。

那個說你不夠好的人，那個讓你永遠覺得「還沒準備好」的人；

那個讓你因為怕失敗而不開始、怕不完美就先放棄、怕沒掌聲就選退場的人。

你如果每天都輸給那個聲音，你的人生會一直卡在本來可以更好的地方。

你不是輸給世界，是輸給你對自己的懷疑、寬容、妥協。

這不是一本給你安慰的書，是一本讓你清醒的書

這本書不是寫來鼓勵你說「你已經很棒了」的。這本書想告訴你：

- 你有可能更強，但你太容易心軟；
- 你本來能翻盤，但你太容易妥協；
- 你本來能站起來，但你先說服自己蹲著也可以。

這本書不是給你灌雞湯，而是讓你知道：你每一次放過自己，其實都是放棄一次主角的機會。

請你不要再輸給那個，把你困住的你自己

你不需要變成別人眼中的贏家，你只需要成為那個不再一直棄賽的你。

不是說你要完美，而是你不要再一次又一次，把自己推向結束前的放棄。

從今天開始，不用再證明你多努力，不用再感動自己。你只需要做一件事：

這一次，請你走到底。

附錄一：30 天行動練習卡

這份練習卡設計目的是讓你將閱讀內化為習慣，行動化為日常，每天一個小挑戰，30 天累積一次完整的自我突破循環。

你可以印出來貼在書桌牆面、筆記本封面，或設為每日手機桌布提醒自己「今天該練習哪一格」。

走到底的你，才是真的你

Day	行動挑戰任務	是否完成√
1	拒絕一次你平常都會說「好啦」的請求	
2	在會議或群組中主動提出一次想法	
3	整理一份你真正想做的清單，列出前 3 名	
4	遇到不合理要求，開口表達你的界線	
5	對自己說出一句鼓勵話語，寫下並唸出來	
6	改寫一段你過去總是忍讓的對話內容，練習說出更堅定的版本	
7	寫下你過去半途而廢的 3 件事， 選一件重新啟動	
8	向一位朋友說明你正在練習改變， 請對方提醒你	
9	主動發表一次社群貼文或作品，不管互動多少	
10	把「我不想這樣活」的一句話寫下來，然後擬出對應行動計畫	

Day	行動挑戰任務	是否完成√
11	練習說出「我不同意」或「我有不同看法」的一次表達	
12	關掉社群 30 分鐘，問自己：「現在，我真正想做的是什麼？」	
13	修正一項你拖延已久的事，完成它的第一步	
14	寫一封「我未來希望的自己」的信寄給自己	
15	對一個人說出你過去一直沒說出口的感受	
16	寫一則「我值得被看見」的自我宣言	
17	嘗試一件你覺得會出糗、但其實一直很想嘗試的事	
18	完成一個你曾說「我沒空做」的任務	
19	把一天中不必要的應酬或習慣減少一項	
20	誠實記錄一件「我曾用努力感動自己，但沒做到的事」	
21	用一句話對那個總是想放棄的自己喊話	
22	完成一段你過去認為「寫不完、做不來」的內容或任務	
23	建立一項微小但持續的紀律（如：固定閱讀 10 分鐘）	
24	列出你三個優點，對自己說：「我值得走到最後」	
25	刪除一個拖延你行動的理由（例如：再等等、怕不夠好）	
26	對一次失敗經驗寫下「我學會了什麼，而不是我有多差」	
27	發送一封你猶豫很久但應該寄出的合作、提案或表達信件	

Day	行動挑戰任務	是否完成√
28	主動結束一個讓你消耗、讓你自我懷疑的關係	
29	完成一本書、一門課、一段練習，不給自己任何退縮理由	
30	拍下你今天的樣子，寫一段話給「不再放棄的自己」	

使用建議：

- 每天打勾完成一格，累積感受「我做得到」的自我認可感。
- 可循環練習，每次重來都會更深層扎根。
- 搭配每日書寫或語音紀錄，強化內化記憶。

附錄二：自我對話提問集

這份提問集精選出 15 組關鍵問題，每組對應書中的主題核心，幫助你在閱讀結束後，透過書寫與自己進行深層對話。不只是寫日記，而是帶著突破目的的書寫行動。

你可以每天選一組書寫，或每週深入探討一組，作為自我整理與修正方向的對話儀式。

提問集總覽：15 組主題 × 3 個問題

1 ｜關於你的「界線」

- 我最近一次感覺「不舒服但又沒說出口」的情境是什麼？我為什麼沒說？
- 如果我能重來一次，我會怎麼說出自己的底線？
- 未來遇到類似情境，我希望自己能做出什麼不同的反應？

2 ｜關於「拒絕」

- 哪一個請求或要求，我總是說「好」，但其實很想拒絕？
- 我內心最擔心拒絕之後會發生什麼？這是真的嗎？
- 如果我拒絕了，我能不能仍然是值得被愛、被尊重的人？

3｜關於「角色定位」

- 我在哪些場域中經常感覺「自己像個配角」？
- 是什麼讓我習慣性地退讓、隱身或放棄主場？
- 我想如何調整？我有什麼特質是值得讓自己走向前排的？

4｜關於「努力與放棄」

- 過去我最遺憾的一次中途放棄是什麼？我為什麼停下來？
- 如果那次我撐下去了，今天的我會不一樣嗎？
- 這一次，有什麼事情我絕對不允許自己再半途結束？

5｜關於「拖延與等待」

- 我現在在哪件事上，一直說「還沒準備好」？
- 我說的「準備好」真的存在嗎？我其實是在逃避什麼？
- 如果我今天就做第一步，我會做哪一件最小但有力的行動？

6｜關於「自我肯定」

- 我最近一次為自己感到驕傲的是什麼？
- 有沒有哪件事其實我做得很好，卻沒承認？
- 我可以怎麼練習每天看見一件值得肯定的自己？

7 ｜關於「他人期待」

- 我最常為了誰而改變自己的想法或行動？
- 我在討好或順從的背後，其實想獲得什麼？
- 若我不再迎合，我擔心會失去什麼？那真的值得我壓抑自己嗎？

8 ｜關於「自我選擇權」

- 我人生中哪一個重要選擇，不是我自己做的？
- 如果我能重選一次，我會做出什麼不同的決定？
- 現在的我，有什麼事是可以重新主動選擇的？

9 ｜關於「責任感」

- 最近有沒有一件我該承擔但我推掉的事？
- 是什麼讓我總覺得「這不是我的事」？
- 如果我要開始為自己的人生 100%負責，第一步會是什麼？

10 ｜關於「目標與堅持」

- 現在我最想完成的目標是什麼？
- 過去我為什麼無法堅持到最後？我卡在什麼地方？
- 我可以設下一個小里程碑來證明我這次不再半途而廢嗎？

11｜關於「表達自己」

- 最近有什麼感受我壓抑沒說？為什麼我沒說？
- 我害怕說出真實想法的後果是什麼？
- 如果我今天能說一次心裡話，我想對誰說什麼？

12｜關於「輸與贏」

- 我曾經為了不輸給別人，做過什麼不符合自己心意的事？
- 當我輸給自己時，我心裡有什麼感覺？
- 如果「贏」不是超越別人，而是不再自我放棄，我該怎麼調整方向？

13｜關於「成就感」

- 什麼事情做完會讓我真正有深層滿足感，而不是短暫虛榮？
- 我有多久沒讓自己完成一件事到最後了？
- 我能不能用小而穩的行動，找回真正對自己的肯定感？

14｜關於「怕被討厭」

- 我為了不被討厭而委屈過哪些自己？
- 我把「被喜歡」看得多重？這有傷害到我嗎？
- 如果我不怕被討厭，我今天會怎麼做選擇？

15 ｜關於「重新啟動」

- 現在有沒有一件事我想重新開始？我還願意試嗎？
- 是什麼讓我不敢再動？過去的哪段經驗在拖住我？
- 如果我今天原諒自己，並允許重新開始，我會選擇從哪裡開始？

書寫建議

- 每日一題：搭配晨間筆記或睡前書寫，平均 15 ～ 20 分鐘。
- 自由延伸：每組問題皆可拆成一篇深度自我反思日誌。
- 整理回顧：每週抽出時間整理自己的書寫內容，找出重複的困點與突破口。

電子書購買　　爽讀 APP

國家圖書館出版品預行編目資料

老實點，但要有殺傷力：不討好、不內耗、不裝懂，聰明處世的 15 堂人生戰術課 / 林芷言 著 . -- 第一版 . -- 臺北市：山頂視角文化事業有限公司 , 2025.05
面；　公分
POD 版
ISBN 978-626-7709-08-5(平裝)
1.CST: 人際關係 2.CST: 生活指導 3.CST: 應用心理學
177.3　　　　114005382

老實點，但要有殺傷力：不討好、不內耗、不裝懂，聰明處世的 15 堂人生戰術課

臉書

作　　者：林芷言
發 行 人：黃振庭
出 版 者：山頂視角文化事業有限公司
發 行 者：山頂視角文化事業有限公司
E-mail：sonbookservice@gmail.com
粉 絲 頁：https://www.facebook.com/sonbookss/
網　　址：https://sonbook.net/
地　　址：台北市中正區重慶南路一段 61 號 8 樓
8F., No.61, Sec. 1, Chongqing S. Rd., Zhongzheng Dist., Taipei City 100, Taiwan
電　　話：(02) 2370-3310　　傳真：(02) 2388-1990
印　　刷：京峯數位服務有限公司
律師顧問：廣華律師事務所 張珮琦律師

定　　價：450 元
發行日期：2025 年 05 月第一版
◎本書以 POD 印製